チャレンジの意味ってなんだろう？

スポーツの世界に飛び込むため海外での学びを選んだ達人たち

ベースボール・マガジン社 編著

いまこそ、夢に向かって踏みだそう

いま、この本を手に取っているあなたは、どんな状況にあるのでしょうか。

すでに夢を見つけて突き進み始めた？　いや、夢は見つかっているけれど、踏みだす勇気が持てずに迷走中？　それとも、まだまだ夢は見つけられず一時停止中といった感じでしょうか。

それぞれで置かれている状況に違いはあるでしょう。けれど、「何かきっかけがほしい」という思いで、あなたはこの本を読みはじめているのではないでしょうか。

本書では、「スポーツ」をキーワードに、好きなことを突きつめるために日本を飛びだし、フランス、ニュージーランド、メキシコ、カンボジア、アメリカなどの海外で、自らが進むべき道を見つけだした達人を紹介します。

果たして、海外での学びにはどんな魅力があるのか。また、どんな可能性が秘められていたのでしょうか――。


これからはじまる5つ物語には、トッププレーヤーとして世界の舞台で大活躍するような話はありません。しかし、それぞれのスポーツにおいて確かな実績を残し、いまでは、その分野においてなくてはならない存在にまで登りつめた達人たちの、心に熱い火を灯し続けた日々が語られています。

夢に向かうなら、つまずきの連続は当たり前です。

試行錯誤の繰り返しが楽しい――。

そう笑顔を見せる達人の言葉が、あなたの背中を後押しする力になれたら幸いです。

チャレンジの意味ってなんだろう？　目次

Message 05

日本を飛びだし アメリカで アスレティックトレーナーに

佐藤晃一さん

! OnePoint Study!

Message 01　　**西勉さん**

日本を飛びだし
フランスで
自転車のメカニックの道に

熟考の末の
人生計画の変更。
３週間は言いだせず、
それはまるで泥沼で
もがいている感じでした

世界最大の自転車ロードレースとして知られる「ツール・ド・フランス」。西さんは、この世界最高峰の舞台に立つため日本を飛びだしました。ただし、自転車大国のフランスで待ち受けていたのは、練習量だけではあらがえない周囲との力の差でした。熟考の末にメカニックの道に進路を変更した西さんは、この決断から何を学んだのでしょうか。

中学2年生から夢中になったロードバイク
高校選びも〝自転車〟ありき

1995年の夏。当時、中学2年生の僕は本屋で手にした雑誌『サイクルスポーツ』8月号（八重洲出版）をぱらぱらとめくっていると、とびっきりかっこいい写真に目を奪われました。小学生のころからマウンテンバイクに乗っていたこともあり、自転車には興味を持っていたんです。ただ、ロードレースを本格的に知ったのは、あのときがはじめて。世界最大の自転車ロードレース「ツール・ド・フランス」の特集記事を読み、「俺もロードバイクに乗って、ツールを走りたい」と純粋に思いました。

そして同年の7月、深夜帯にテレビで放送していた「ツール・ド・フランス」の総集編を見て、ますます夢中になりました。

翌年、これまで貯めていたお年玉をはたき、近所の自転車屋で念願のロードバイクを購入。コガネムシ色のパナソニック製で、価格は18万円くらいだったかな。スポーツバイクに詳しい自転車屋ではなかったこともあり、実は2サイズくらい大きかった

中学生のときに自転車に夢中になり、進路も自転車ありきで決定。工業高校で身に付けた機械の経験を生かして、メカニックに転身した

のですが……。ロードバイクは身体のサイズに合っていなければ、乗りにくくて、何かと大変。そんなこんなで、ほかの自転車屋を探していると、兵庫県三田市にある「増谷自転車」と出合ったんです。

店に一歩入ると、親切な自転車乗りのおじさんたちがたくさんいました。ここでロードバイクの乗り方からメンテナンスまでいろいろと教えてもらいました。増谷自転車に集う大人たちはみんな優しくて、土日になると自転車好きの仲間たちが集まり、丹波篠山に走りに行ったりしました。中学生の僕は安く仕入れたビンディングペダルにTシャツ姿で、無我夢中に付いて行ったのを覚えています。

年に一回、二回、大会にもエントリーしました。

すっかりロードバイクにはまり、高校選びの基準も自転車部があるかどうかでした。そのとき、見つけたのが県立兵庫工業高校。機械関係の勉強をしたいと思っていたので、迷うことなく進学しました。

! OnePoint Study!

世界三大スポーツイベントの一つ、「ツール・ド・フランス」とは？

「ツール・ド・フランス」は、1903年から毎年7月に開催されている自転車ロードレース。フランス語で「フランス一周」という意味だそうです。フランスや周辺の国々を舞台に、23日間の日程で行われます。平坦なところだけではなく山岳地帯も駆け抜け、高低差2000m以上ともいわれ、3000km以上のコースを走り抜けるそうです。サッカーのFIFAワールドカップ、オリンピックと並び、世界三大スポーツイベントの一つと称されることも。国別の総合優勝回数では、1位はフランスの36勝、2位はベルギーの18勝、3位はスペインの12勝です。

©Getty Images

高校3年生で実業団チーム一本に絞り ロードレースの世界へ

高校時代は自宅から学校まで、練習を兼ねてロードバイクで通いました。行きは27キロ。朝6時40分ごろに先輩と待ち合わせをして、必死にペダルを踏むこと約1時間。学校に午前8時前に到着すると、もう汗だくです。まず服を着替えて、それから腹ごしらえ。毎日のように「早弁」ですよ。

放課後も部活でサドルにまたがり、家路につくときもまた自転車。帰りの時間帯は車の交通量が増えるため、遠回りして30キロの道のり。それでも、自転車通学を止めようとは思わなかったです。

高校2年生の11月、県新人戦のトラック競技（競技場のトラックを周回するレース）ではじめて優勝し、うれしかった思い出が残っています。その後、春の全国選抜大会に出場することが決まり、「よし、これで憧れのロードレースだ」と思ったのですが……。現実は違いました。

全国大会のロードレースに出場できる人数は県ごとに決められており、僕は出場できず、またトラックのレースに出場することに。一気にモチベーション低下ですよ。ろくに練習もしないまま選抜大会に臨んで、あっけなく予選落ちに……。

僕はどうしてもロードレースに出場したかったんです。だから高校の自転車部に在籍しながら、実業団チーム「NakagawaRC」に登録することにしました。最初、部活の顧問に相談したときは「問題ない」と言われたのですが……話が違いました。二重登録は認められず、3年生になったときには部活をあっさり辞めることに。実業団チーム一本に絞り、ずっと走りたかったロードレースの世界へ足を踏み入れました。

初レースの舞台はグリーンピア三木（兵庫）でした。アップダウンがある70キロのコース。しんどくて、苦しくて、最後は足に力が入らなかった。ぜえぜえ息をしながらゴールしたことは忘れられません。

高校卒業後は
プロロードレーサーを目指してフランスへ

高校最後の1年でロードレースに3回、4回は出場したと思います。そのころには、将来の進むべき道も決めていました。高校3年生の夏、担任の先生に何の迷いもなく、「俺はフランスに行くねん」と豪語。先生からも「そうか、わかった」と言われ、進路相談はそれで終わり。正直、それ以外の道を考えていなかったので。

フランスでプロロードレーサーになり、「ツール・ド・フランス」を走る気満々でした。勢いだけはありましたから。「俺は行けるやろ」っていう感じでね。両親からは何度も「大学には行っておいたほうがいい」と諭されましたが、聞く耳を持ちませんでした。

いざフランスに行くと決めてからは縁にも恵まれ、スムーズに準備が整いました。中学生のころから出入りしていた増谷自転車のお客さんの中に、フランス人のジェロームさんという方がいて、いろいろと相談に乗ってくれたんです。ワーキングホリデーの制度を利用することになったのですが、複雑で面倒な手続きもすんなり進みました。高校2年生のころからアルバイトしていたスパゲティ屋にも助けてもらいました。レストランに野菜を卸している人がフランス語を話せたので、基礎を少しだけ教えてもらえたんです。そうこうしていると、あっという間に高校を卒業していました。

そのわずか3カ月後、アルバイト代で貯めた渡航費用を握りしめ、2000年6月にはフランス行きの飛行機に乗っていました。いまでも覚えているのは、機内食がビビンパだったこと。コチュジャンの香りを漂わせ、韓国経由でフランスの玄関口「シャルル・ド・ゴール空港」に降り立ちました。

自転車バックを抱えて、背中には大きな登山リュック。中身はホームセンターで買ってきたチタン製の軽い鍋にパック入りのチキンラーメンなど、生活必需品でぎゅうぎゅうに。40キロほど重量をオーバーし、追加料金を払いました。昔はそれほど厳しくなくて、1万円程度で済んだのかな。いまでは考えられないですけどね。

フランスのホームステイ先は、パリ郊外のジフ＝シュル＝イヴェットという街でした。ホストファミリーに助けてもらって選手ライセンスを取得し、街のクラブチームに連れて行ってもらいました。

フランスは自転車大国で、街には当たり前のように自転車クラブがあります。いきなり現れた日本人も、すんなり受け入れてくれました。もちろん、すぐにプロになれるわけではありません。カテゴリーが細かく分かれており、各レベルのレースで結果を残し、一歩ずつ階段を昇っていく必要があります。

当初、僕は下のレベルからスタートしましたが、自分がどのカテゴリーで走っているのかをわかっていませんでした。英語も話せないし、フランス語もちんぷんかんぷん。日本で少しフランス語の勉強をしたとはいえ、アルファベットを読む程度のレベルでした。

「現地に行けば、語学はどうにかなる」とよく耳にしますが、はっきり言って、あの格言は嘘です。行くだけでは、どうにもなりません。勉強しないと、話せるようにはならないです。

! OnePoint Study!

「ロード」「トラック」のほかにも さまざまな形式で行われる自転車競技

本文中で「ロード」「トラック」の話が出ましたが、自転車競技にはそのほかにも「BMX」と「マウンテンバイク」があります。「BMX」は20インチホイールを持つ競技用自転車のことで、種目は、着順を争う「レーシング」と、アクロバティックなトリック（技）の採点を競う「フリースタイル」の二つ。「マウンテンバイク」は山道や急な勾配などの悪路にも耐えられる高い走行性能を備えた自転車で、舗装された道路を走る「ロード」と違い、オフロードコースを周回する種目です。自転車競技といっても、さまざまな競技があるのですね。

©Getty Images

フランスでの1年目は、まともにコミュニケーションがとれない中、がむしゃらに走っていました。アマチュアのレースは各地で無数に開催されていて、週末のたびにレースに出ました。

なかなか勝てなかったですが、一回だけ勝てたんです。その日は一人で電車を乗り継いでレース会場に行ったものの、スタート時間に遅刻。それでも、主催者の配慮で、ほかのレースにエントリーさせてもらいました。すると、ダントツの一着に。周りを見れば、なんか雰囲気が違うんですよ。正直、周りのレベルが高くなくて、何かがおかしい感じがしました。いま思えば、年齢を含めて、僕が出てはいけないカテゴリーだったような気がします。

ロードレース選手として「ツール・ド・フランス」出場を目指して日本から
フランスへ飛びだした西さん

どれだけ苦労しても
「ツール・ド・フランス」の夢だけはあきらめない

フランスに来てから2カ月が過ぎたころです。バカンスシーズンに入り、ホームステイが難しくなりました。次のホストファミリーを紹介してもらったのですが、またすぐに出ることに。いよいよ住む場所に困りました。当初はパリのユースホステルに宿泊してレースに出場していたのですが、経済的に続かないと思いました。

真剣に引っ越し先を考えはじめたとき、現地の自転車関係者から、フランス北西部のブルターニュ地方は自転車競技がより盛んだと教えてもらいました。「よし、次はそこに行くぞ」と決めて、考える間もなく行動に移しました。パリのモンパルナス駅からTGV（高速列車）に乗り込み、ブルターニュのレンヌ駅へ。

当てにしたのは、フランス自転車競技連盟（ＦＦＣ）のサイトです。当時はクラブチームの住所が全て掲載されていたので、自分の足で探し回りました。それこそ、レンヌ駅から一つひとつしらみつぶしに。クラブの規模やレベルなどもよくわかっていなかったため、アマチュア選手がいないプロクラブの看板まで叩いていました。

相手側はさぞかし驚いたと思います。どこの馬の骨ともわからぬ日本人が、何のツテもなく「入れてくれ」と来たわけですから。「どこから、どうやって来たのか」と言われ、随分と不思議がられました。あるクラブの担当者には「お前がもっと強くなったら、入れてやる」と言われたのを覚えています。

6クラブ目くらいだったかな、ロリアンという街のクラブ「VCPロリアン」に拾ってもらったんです。フランス語もろくに話せなかったので、身振り手振りで熱意を伝えました。きっと面白いヤツだな、と思ってくれたのでしょうね。何の実績もない日本人を快く迎えてくれたんですから。


単身で渡仏して3カ月。ロリアンでようやく居場所を見つけ、週二回はアマチュアカテゴリーのレースに出場しました。とはいえ、ここは本場のフランス。結果は思うように出ませんでした。あと一歩のところまで迫っても、最後は勝てない。

1年目は生活面でも苦労しました。VCPロリアンのギー・トレアン監督は親切心からクラブハウスに寝泊まりするように勧めてくれたのですが、フランス語をよく理解できなくて……。なけなしのお金を切り詰めて、「大丈夫です。一人暮らしをしていますから」と断ってしまいました。

旅行ガイドブックで情報を得ながら安宿に停泊していたんです。だけど、料理もまともにつくれず、栄養はかなり偏っていました。サイクリストの摂るべき食事を勘違いしていたんです。1日ボールいっぱい分の野菜を食べれば健康になるとか、レース前にミューズリー（加工穀物とドライフルーツ、ナッツ、種子類などを混ぜ合わせたシリアル食品）をたくさん食べればいいとかね。結果、どうなったかと言えば、風邪をひきやすくなり、お腹も頻繁に壊す。ミューズリーの食べすぎでぶくぶく太ったりと、散々でした。

これだけ苦労しても、「ツール・ド・フランス」の夢だけはあきらめようと思わなかったんです。根拠はないのですが、いつか出場できる気がしていたので。同じカテゴリーで走っていた選手たちが、ステップアップしていく姿を見て、「俺も行けるぞ」って思っていましたね。

生活は落ち着いても
レースだけは思うようにいかず…

2年目からはフランス語が少しだけ理解できるようになり、監督が勧めてくれたクラブハウスに住むようになりました。1年かかって、ようやくです。長い道のりでした。ちょうどそのころです。選手ライセンスを更新するために健康診断を受けると、血圧が低すぎたんです。栄養のバランスを崩した食生活を続けてきたことが影響したのかもしれません。

低血圧のせいでライセンスが発行されず、困ったことになりました。見かねたギー・トレアン監督が「1日一杯ワインを飲みなさい」と助言をくれました。ビタミンB12が含まれているので、体にいいそうです。それも「ボルドーの赤ワインじゃないとダメだ」と。

ギー・トレアン監督は家族で大衆食堂のようなレストランを営んでいたこともあり、赤ワインに加えて、栄養のある物も食べさせてくれました。フランスの家庭料理はおいしくて、ハリネズミにうさぎも食べました。そのおかげで、健康診断の再検査はクリア。選手ライセンスも無事に更新できました。

ギー・トレアン監督のレストランはコミュニティーの場にもなっていたので、フランス語を覚える絶好の場所でした。昼下がりはカフェになるので、近所のおじさんたちが集まってくるんです。そこで、多くの人たちとコミュニケーションをとることができました。

語学の習得は、耳を慣らすのが一番。勇気づけられたのは、赤ん坊がフランス語を徐々に覚えていく過程を見たときですね。「俺もいけるんちゃうかな」って。レストランの娘さんが育てていたお子さんだったので、そばでずっと見ていました。僕も急に話せるようになったわけではなく、少しずつ会話できるようになっていきました。

いま思えば、海外で語学を覚えるには、家に引きこもらないことが大事。外に出て、いろいろな人の会話を自分の耳で聞かないと。疲れているときは雑音に聞こえてきて、苦しいときもあるのですが、そこでひと頑張りするかしないかで変わってきます。

いまは選手を支えるのが西さんの仕事。チームの勝利が、何にも代えがたい大きな喜びとなっている

2年目以降は言葉の壁を乗り越えて、生活も落ち着いてきましたが、レースだけは思うようにいかなくて。記憶に残っているのは21歳のときに出場した周回レース。残り40キロで一人で飛びだして独走していたのですが、ラスト一周で後ろから来た3人に抜かれて、4位に。絶好調だったんですけどね。

あるレースでは、ラスト数キロで先頭集団に追いつき、ゴールスプリント（ゴール前の競争）で4着になったこともありました。惜しいところまではいっても、表彰台にはあと一歩届かないんです。

22歳のときにはふと立ち止まって考え、「俺はひょっとして、あかんのかな」と思いました。選手として続けていく自信が徐々に薄れていき……。もともと23歳になるまでに鳴かず飛ばずだったら、あきらめるつもりだったのです。

そして23歳を迎えたころには練習に身が入らなくなっていました。走っても、走っても、結果が出なくて、気が滅入っていたんです。トレーニング中も森の中で一人空をずっと見上げていたり、海沿いにロードバイクを止めて、2時間も3時間も水平線を眺めていたりと、懸命に練習していたかつての僕はそこにはいませんでした。

　レースに出れば、楽しいのですが、練習不足で勝てるほど甘い世界ではありません。運良く（集団から飛びだして）逃げても、途中でバテて失速。レースに勝って、ステップアップしていきたいという気持ちは、ほとんど消えかかっていました。

　フランスで3カ月走ったあと、日本に一度帰国し、昔からお世話になっていたスパゲティ屋で1カ月間バイトしていました。いつもはここで活動資金を貯めて、意気揚々とフランス行きの準備をするのですが、あのころは明らかに僕のモチベーションは下がっていました。

メカニックとしての新たな人生
そして、日本人監督との出会い

2005年の5月、日本から再びフランスに戻るとき、僕はいつもは持っていかないアルミのアタッシュケースを手にしていました。工具が入った道具箱です。

心のどこかで、メカニックとして新たな人生を歩みはじめたいと思っていたんでしょうね。もともと工業高校出身で自転車をいじるのも好きでしたから。ただ、口にだすことはなかなかできなかった。高校卒業後、「ツール・ド・フランスに出場する」と啖呵《たんか》を切って、単身フランスへ渡りましたから、簡単に人生計画を変更できないと思っていました。

それでも、自分の気持ちにこれ以上は嘘をつけなくなっていたのも事実。フランスに着いてからも、ずっとそわそわしていました。周囲は、そんな僕のいつもと違う様子に気付いていたようですね。

僕はお世話になった人たち、ギー・トレアン監督に自分の口から説明しないといけ

! OnePoint Study!

自転車大国であるフランス そのほかにも盛んな競技は？

2021年の東京オリンピックの次は、2024年にフランスのパリでオリンピックが開催されます。西さんのお話の中に、「フランスは自転車大国」と書かれていますが、ほかにもフランスが得意とする競技はあるのでしょうか？　サッカーやモータースポーツなども人気スポーツと言われるのですが、柔道の愛好者が非常に多く、とても盛んなのだそうです。ちなみに、東京オリンピックの柔道競技では、金2、銀3、銅3のメダルを獲得しています。男女3名ずつが出場する混合団体では、日本とフランスが決勝で戦い、日本は敗れて銀メダルとなりました（写真）。

©Getty Images

ないと思いながら、ずっとためらっていました。練習中も頭の中は「いつ言うべきか」、それぱかりでした。毎日のように「今日こそは選手を辞めて、メカニックをやらせてくださいと言うんだ」と言い聞かせていました。

それでも、その後3週間は言いだすことができず、泥沼でもがいているような感じでした。6月のある日、ランチを食べ終わったあと、このままズルズルと引き伸ばせば、一向に次に進めないと思い、やっと決断しました。昼下がりにいつものようにギー・トレアン監督のレストランに顔をだし、話を切りだしました。

「このチームでメカニックをやらせてください」

言葉にした途端、気持ちがすっと楽になりました。ギー・トレアン監督も薄々気付いていたようです。僕の決意を聞いても、柔和な表情で「そうか、そうか」という反応でした。僕のような選手を数多く見てきたんだと思います。

メカニックとしてチームに置いてもらえるかどうかは、いっさい考えていませんでした。僕の思いはただ一つ。素晴らしい自転車競技の世界に、どうにかして残る方法はないかと。フランスまで来て、貴重な経験をたくさん積むことができたので、このまま離れたくないという一心でした。

結果的にチームには受け入れてもらい、すぐにレースにも連れて行ってもらいました。メカニックとして働きはじめると、時間が過ぎていくのは早かったです。流れに逆らわずに、そのままの勢いで突き進んでいった感じですね。


メカニック人生の転機となったのは、ブルターニュ地方のロリアンでのレースでした。僕たちが参加していた大会が終わり、締めの作業をしていると、上位カテゴリーのレースを走る選手たちが次から次にゴールして来ました。

ふと見ると、日本人の選手でした。

ブルターニュの山奥ですよ。まさか、僕以外の日本人がいるとは思わなかったので、目を丸くしました。向こうも「フランスのチームに日本人スタッフがいるよ」とびっくりしたようです。さらに驚いたのは、VCPロリアンのもうひとりの監督であるロジェー・トレアンさん（ギー・トレアンの息子）が日本のチーム「エキップアサダ」の浅田顕監督と知り合いだったことです。　実は以前から浅田監督とやりとりしていて、「うちのチームに日本人メカニックがいるんだ」と伝えてくれていたようです。
フランスのレースで遭遇したのは偶然でしたが、この日をきっかけに浅田監督とのつながりができました。元プロロードレーサーで日本の自転車競技界では知らない人はいないほどの監督です。そんな人から「ヨーロッパでツアーがあるときは、メカニックとして参加してほしい」と誘ってもらい、実際に仕事をするようになるとは思いませんでした。

以降はフランスのロリアンでメカニックをしながら、浅田監督のチームでも、ヨーロッパのツアーに合わせて働くようになりました。仕事の連絡はVCPロリアンのギー・トレアン監督が営むレストランに電話がきました。当時はまだ携帯電話を持っていなかったので、レストランに言づけしてもらい、詳細は後日にまた電話で聞くという形でした。相手側に日付と時間を指定してもらい、公衆電話の前で待つんですよ。日本と違い、フランスの公衆電話は電話を受けることもできたので、そこでレースの予定を聞き、ヨーロッパ各地に足を運んでいました。

メカニックとしての技術や知識と同じくらい、海外で活躍するためには
コミュニケーションのとり方が大切とのこと

メカニックとしての腕以上に
コミュニケーション能力が重要

浅田監督の下では、多くの経験を積ませてもらいました。遠征費も全て負担してもらうなど、本当に感謝しています。シーズン途中でチームが解散することになったのですが、運にも恵まれて、すぐに次の仕事が見つかりました。

2010年、日本とイタリアに拠点を置く「チームNIPPO」を率いる大門宏監督が声をかけてくれ、スムーズに移ることできました。

当時、移籍したチームにはフランス語を話せるイタリア人監督もいたので、イタリア語を話せなくても問題はなかったのですが、イタリア人選手たちと直接コミュニケーションをとれずに難儀しました。レース中に細かい指示を受けたときなど、通訳を介していると、手間どって仕方がなくて。「これはあかんな」と思い、すぐにイタリア語の勉強をはじめました。

渡欧1年目のときに語学で苦労したので、耳が鍛えられていたのは大きかったです。

フランス語よりも習得のスピードは早く、しばらくして不自由なく会話できるようになりました。

メカニックとしての腕も重要ですが、それ以上にコミュニケーション能力は欠かせません。ですから、監督、マッサー（マッサージ師）らスタッフとはもちろん、選手とも密にコミュニケーションをとるようにしています。わからない言い回しは、はっきりわからないと言うようにしています。

人それぞれ個性があるので、接し方、言い回しも変えています。空気感、雰囲気を読みとって、話すことは大事です。イタリア人、フランス人、アルゼンチン人とまた違いますから。


自転車チームは1年ごとにメンバーががらりと変わることも珍しくありません。チームNIPPOに移ってからも機材を持って、ヨーロッパを飛び回りました。フランス、イタリアだけではなく、イギリス、ベルギー、スペイン、オランダ、ドイツ、チェコ、オーストリア、スロベニア、ポルトガルなど数え上げればキリがありません。

アジアはマレーシア、中国、台湾、韓国など。南米ではアルゼンチン、チリ、北米のアメリカと、いったいどれだけの国をレースで転戦したのでしょうか。

大なり小なりハプニングはありましたが、泣きたいと思ったこともなければ、辞めたいと思ったこともありません。立ち止まって考えることはなかった。むしろ、そんな時間はなかったですね。常に次の準備、次の準備でした。メカニックとして10年の月日が過ぎるのは早かったです。

２０１９年５月には、伝統あるグランツール（世界３大自転車レースの総称）の一つである「ジロ・デ・イタリア」にもはじめて参加しました。３週間にわたり、全21ステージで行われる長丁場のレースです。チームＮＩＰＰＯは２０１７年から参加していたのですが、若いメカニックが国際経験を積むためにスタッフとして加わっていました。

嫉妬はなかったですが、素直に羨ましいと思っていました。僕もいずれチャンスがくれば……と思っていたので、参加できることを知ったときはうれしかったです。当時は37歳ながらわくわくしました。これまでにない大舞台でしたが、舞い上がることなかったですよ。いつもと同じような気持ちで臨みました。

焦らず、平常心。ミスしないためには、冷静でいないといけません。感傷に浸ることもなかったです。チームNIPPOの水谷壮宏監督とは「まさか、ジロで一緒に仕事するとはね」と話しましたけど。フランス・ブルターニュの山奥で、「こんなところに日本人がいる」と僕を見つけてくれた水谷選手が、チームNIPPOの監督となり、ジロで一緒に働くなんて想像もできなかったです。

本番がはじまると、各々の仕事を黙々とこなし、みんなそれぞれの土俵で戦いました。メカニックとしては、大きな機材トラブルもなく、全日程を終えることができてよかったと思います。トラブルが起きないのが一番です。

これまで携わったオリンピックは3度
チームの勝利が一番の喜び

メカニックを始めてから15年以上が経過しています。ここ数年は実家のある兵庫でイチゴ農家をしながら、チームＮＩＰＰＯプロヴァンスＰＴＳコンチでメカニックの仕事をしています。いろいろとスケジュールの融通を利かせてもらって、両立できている感じです。

２０２１年の夏には、２０１６年のリオデジャネイロオリンピックに続き、東京オリンピックに日本ナショナルチームのメカニックとして参加しました。チームに呼んでくれたのは、メカニックの駆けだしのころにお世話になった浅田顕監督です。

オリンピックは4年に一度。出場資格の獲得から準備まで、道のりは長いです。メカニックは「オリンピックに行きたい」と言っても、行けるものでもありません。あくまで呼ばれる立場。僕は縁に恵まれて、ここまで来たと思います。

チームＮＩＰＰＯ所属の選手に誘われて、アルゼンチン代表のメカニックとして

メカニックをはじめてから15年以上の月日が経過。その間、ハプニングは多々あったが、考える時間がないほど、時の流れは早かった

参加した2012年ロンドン大会を含めると、オリンピックは3大会目でした。あらためて、チームNIPPOには感謝したいです。普段のレース活動で技量を磨かせてもらっているからこそ、もらえたチャンスでもあります。もちろん、家族の理解とサポートもあってのことです。

僕がメカニックとして喜びを感じるのは、チームの勝利です。たくさんいい思いをさせてもらいました。10年以上前の話になりますが、清水都貴さんが2007年にブエルタ・シクリスタ・ア・レオンで個人総合優勝、2008年にパリーコレーズでも個人総合優勝したときのこともはっきり覚えています。

2010年に宮澤崇史さんが全日本選手権を制覇したときも、所属チームのイタリア人がステージレースで個人総合トップを守ったときも、萩原麻由子さんが全日本選手権で勝ったときも、いろいろな思い出があります。

今後、僕は若い世代に経験を伝えることもミッションの一つだと思っています。イタリア、フランスのチームで働かせてもらい、多くの外国人スタッフとも仕事をさせ

メカニックとして喜びを感じるのは、チームの勝利と語る西さん。ここまで、たくさんのいい思い出を経験した

てもらいました。すぱっと辞めるわけにはいきません。いまはインターネットでも簡単に情報は手に入りますが、本場で経験したからこそ伝えられるものもあります。

結局は人と人です。

日本とヨーロッパのレースはまったく違います。1年に一人でも、二人でも、「本気でメカニックになりたい」という若い人たちが出てくるとうれしいですね。

2021年10月で40歳を迎えましたが、メカニックとしてはまだ試行錯誤しています。技術は日進月歩で進化しますので、常に勉強しないといけません。中学生のころに憧れた「ツール・ド・フランス」の夢もありますからね。

実は僕、フランスに住んでいたころから、まだ一度もシャンゼリゼ通り（ツール・ド・フランス最終ステージのゴール地点）に足を運んだことがないんですよ。ここまで来たら、意地かもしれません。お楽しみは最後にとっておくものも面白いかなって。チャンスが来るのを焦らずに待ちます。それまで、今日も、明日も、目の前にある仕事に没頭し続けます。

Profile

西 勉

にし・つとむ

1981年10月12日生まれ。兵庫県立兵庫工業高校では機械について学び、卒業後はロードレースのプロ選手を目指してフランスへ。アマチュアチームでさまざまなレースに参加しながら、高校で学んだ知識を生かしてメカニックに転身。ヨーロッパを拠点に10シーズン以上にわたって活躍した。その後、梅丹本舗・GDRやNIPPO・ヴィーニファンティーニに所属し、世界各地への遠征に帯同して自転車の整備や調整、選手たちのサポート役に。2016年リオデジャネイロオリンピック、2021年東京オリンピックでは日本代表チームのメカニックも担当した。現在は、東京に本社を置く株式会社NIPPO（TEAM NIPPO）に所属。

Message 02　　竹内克さん

日本を飛びだし ニュージーランドで プロのラグビーコーチに

明日は何が
起こるかわからない。
だからこそ、
いまを全力で生きるのです

オールブラックスの愛称で世界中にファンを持つラグビー大国のニュージーランド。竹内さんは、高校を卒業すると迷わずこの地に飛びました。しかし、当の本人は、身体は小さくてラグビーの実績はなく、コミュニケーションをとる手段の言葉もまったくダメ。誰がみても無謀な挑戦は、逆境を思いっきり楽しむ姿勢で乗り越えていったようです。

火の玉小僧、世界ナンバーワンの国・ニュージーランドへ⁉

1987年12月6日。

中学生だった私は、テレビの画面に釘付けになりました。偶然映っていたのは、小さな男が大男たちに立ち向かう姿でした。いまでも語り継がれている「雪の早明戦」です。堀越正巳さん（当時・早稲田大学）、吉田義人さん（当時・明治大学）ら小柄な選手たちの奮闘に胸を打たれたんです。

まさに、小よく大を制す――。

身長168センチしかなかった私は、自分の姿に重ねて感動しました。ミスを一つしても、野球のように次の打順を待たなくても、どこでもいつでも挽回できるラグビーの競技特性にも惹かれました。自分を表現する場所がたくさんあるな、と。野球少年だった私は、あの試合を見て、高校からはラグビーをやろうと決めました。

そして、地元の三重県立松阪高校に入学し、迷わずラグビー部に入りました。強豪と呼ばれるような学校ではありません。むしろ、全国大会にはまったく縁のない進学校です。部員も3学年合わせて、15人ぎりぎり。ラグビーを教える指導者もいなかったくらいです。それでも、土にまみれて身体をぶつけ合うスポーツにどっぷりとはまりました。

明けても暮れてもラグビーざんまい。高校時代の最高成績は、県大会ベスト16でした。そこで燃え尽きるどころか、ラグビー熱にさらに火がつき、限界まで挑戦したいと思うようになりました。

高校卒業後は、大学でラグビーを続けるつもりでしたが、ある日のこと。スポーツに理解のある父親から、「ニュージーランドでラグビーができるかもしれない」という話を聞いたんです。どうやら、現地に知り合いがいるとか。私は、何も考えずにその話に飛びつきました。

「世界ナンバーワンの国でラグビーがしたい」

もう頭の中はニュージーランドに行くことで、いっぱいでした。英語もまともにしゃべれないのに……。大げさに言えば、「How are you?」（元気ですか？）もわからない程度の語学力。自分のラグビーの競技レベルも、日本のトップレベルからはるか遠い場所にいました。それでも、関係なかった。一般的に考えれば、大学、トップリーグ（社会人）というステップアップをしていきますが、私は世界一の環境でもまれたいという一心でした。周りの友人からは「やめておけ」と何度も言われましたが、決心が揺らぐことはなかったです。

私の悪いところでもあるんですよ。昔からこれをやりたいと思えば、周りも見ずに突っ走るタイプ。「火の玉小僧」です。

私は勢いそのままに、ニュージーランドへと旅立つ準備をしてしまいました。パスポートの取得方法もよくわからなければ、ビザの申請方法も知らなくて、てんやわんや。確かパスポートを取得したのも、出発する3日前、4日前だったような気がします。ニュージーランドに渡ってからの将来設計もまったくなくて、世界最高峰の国でラグビーがしたい、ただそれだけでした。

苦労を苦労と思わず
成功すればそれで良し、失敗したらそこから学ぶ

1992年4月5日、いざ単身ニュージーランドへ。

オークランド空港に降り立ったときの気持ちは、いまでも覚えています。「本場の国でラグビーができるぞ」という喜びに満ちあふれていました。英語が話せない怖さなんて、微塵もなかった。翌日、英語の語学学校へ向かい、さっそく入学試験。これがまったくできなくて……。

あまりの語学力の低さに、入学を拒否されましたから。前代未聞のことだったようです。普通ではありえないと。

とはいえ、おめおめと帰国するわけにはいきません。嘆いていても何もはじまらない。次の日にまた同じ語学学校へ足を運びました。片言の英語と大きなジェスチャーで、必死に訴えました。

「ライティング・テスト・プリーズ！」

大学受験の勉強はしていたので、「筆記試験なら、いけるやろ」と思ったんです。言ってみるもので、ペーパーテストを受けさせてくれて、少々強引でしたけど、もぐり込むことに成功しました。語学学校に入ってからは、さまざまな国の人たちと一緒にしっかりと学びました。

ただ英語がよく身に付いたのは、教室の外でした。オークランドに到着し、時を置かずして地元のラグビークラブに入れてもらい、現地の人たちと一緒に練習する中で、生きた英語を学びました。自然の会話の中から、自分の耳で聞き、目で見て、身体で感じて、自分の言葉で発する。やっぱり、これが一番。常に紙とペンを持ち歩き、何でもメモしました。わからないときは、2回でも3回でも聞きました。

もっとも神経をとがらせたのは、練習と試合の場所と時間です。集合場所に行って誰もいなければ、何もできませんから。仮に最悪の事態に陥っても、全て自分の責任です。とにかく毎日が必死でした。最初のころはろくに会話もできないので、使っていた英語といえば、「Cheers」と「Yes」ばっかり。試合が終われば、「チア

「ラグビーがもっとうまくなりたい」という一心でニュージーランドへ飛びだして行った(写真右が竹内さん)

ーズ（乾杯）」と大きな声をあげ、ニュージーランド人たちと一緒に酒を酌み交わすことで、距離を詰めていきました。

苦労したのは英語だけではありません。当たり前ですが、ラグビーのレベルもすごく高かった。おまけに体格差は歴然。168センチの私は、ニュージーランドではかなり小柄の部類です。地元クラブのU－20（20歳以下）のチームに入ったものの、なかなか認めてもらえず、出場機会もそれほどもらえなくて……。

だからといって、帰国する選択肢はあったかといえば、それはありませんでした。大見得を切って、日本を飛びだしてきましたからね。厳しい現状を受け入れて、いまできることをするしかないなと。

練習でできなかったことをノートに書きとめ、ホームステイ先に帰宅してから一人で自主練習をしていました。高校時代にはなかった習慣です。土俵際に追い詰められれば、人間はやるものですよ。英語も話せない。ラグビーも通用しない。先のことを

! OnePoint Study!

南西太平洋の多民族国家「ニュージーランド」ってどんな国？

高校を卒業したばかりの竹内さんが、ラグビーを続けるために渡ったのがニュージーランド。ラグビー代表チームは、上下ともに黒いユニフォームを着用することから“オールブラックス”の愛称で知られ、ワールドカップで何度も世界一に輝く世界最高峰の国と言われています。地理的には南西太平洋のオセアニア、ポリネシアに位置する島国で、首都はウェリントン。本文の中で、竹内さんも「マオリ人、トンガ人、フィジー人、サモア人、アジア人など、人種も民族もさまざま。育った環境も違えば、文化も違う」と語っているように、多民族国家だそうです。

考えると、きっと希望をなくしていたでしょう。だから、この瞬間、いま自分にできることをどれだけ精いっぱいできるのかを考えました。いまを大切にしないといけないなって。

「Yesterday is history, Tomorrow is mystery」

すなわち、昨日は歴史だから変わらない、明日はミステリーだから何が起こるかわからない。だからこそ、いまを全力で生きるということ。これが、のちに私のモットーとなる、「Today is a gift」の精神です。

正直、苦労を苦労だとは思っていなかったです。何か問題が起きるのは前提。問題の根源を理解し、どれだけ早く解決方法を見つけることができるかどうかです。私は素早く行動に移しました。成功すれば、それはそれで良し。もしも失敗したときは、成長のチャンス！　そこから学べばいい。自分の行動に対しては、自分で責任を持つ。常に自分にベクトルを向けていました。

自らを追い込んだのは
〝もっとラグビーがうまくなりたい〟から

オークランドではあっという間に時間が過ぎました。10カ月ほどが経過した日、ふと思いました。英語もそこそこ話せるようになり、生活も落ち着いてきた。気が付けば、周りに日本人も増えている。「俺はいま安住している。これは自分が求めている環境とは少し違うな」と。

私は根本的に逆境に立たないと、頑張れないタイプです。思ったが吉日。オークランドの図書館で、新たにチャレンジする場所を探しました。そこで見つけたのが、日本人が誰もいなかったウェリントン州ポリルア市。その日のうちに電車に乗り込み、10時間ほどかけて、街とラグビークラブ（ノーザン・ユナイテッドＲＦＣ）を見てきました。もう即決でした。すごく気に入り、2週間後にはオークランドからポリルアへ引っ越しました。また一からのスタートです。

なぜ、そこまで自らを追い込んだのか。答えはシンプルです。もっとラグビーがうまくなりたい、もっと英語をうまく話したいから。

将来、日本代表になりたいとか、具体的なゴールは定めたことはなかったです。いまを生きることで必死でしたから。強いて言うなら、日々の課題をクリアするために毎日、懸命に練習していました。目の前の問題を解決し、少しでもレベルアップすることに喜びを感じていたんです。失敗を恐れずにチャレンジできたのは、ニュージーランドの環境もあります。

南半球の島国には、ミスから学ぶ文化が深く根付いています。

「impossible is nothing」

意訳すると、「不可能という言葉に意味はない」。最初から無理とは考えないで、いまできることに全力でとり組み、前進してきました。

ポリルア市でははじめての日本人選手として迎えられましたが、簡単にチャンスをもらえたわけではありません。ニュージーランドに来て2年目。本場で認められるには、どうすればいいのか、まだ試行錯誤を繰り返していました。試合で与えられる時

苦労を苦労と思わない。もし失敗したとしても、そこから学べばいい。そんな思いで竹内さんは挑戦を続けている

間はいつも10分ほど。「こんなわずかな時間で何ができるんだ」と文句を言ってもはじまりませんよね。

私は限られた時間で、がむしゃらにプレーしました。そして、ある試合でついにチャンスをものにしたんです。フィールドに入ったのは、いつもどおりの時間帯。しゃにむに走り回り、190センチ近いニュージーランド人の大型ロックにタックルをぶちかましました。思いきりドカンと。小が大を倒した瞬間、スタンドは大盛り上がり。チームメイトたちからもこれまでにないくらい褒められました。

ノーサイドの笛が吹かれ、クラブハウスに戻り、アフターマッチファンクション（試合後の交歓会）がはじまると、フィールドで倒した大男からビールジョッキが運ばれてきて、「これはお前のグッド・タックルだ」って。あの言葉を聞いたときは、本当にうれしくて、感動しました。

たいしたスキルもなく、身体も小さい。だけど、身体全体で表現すれば、評価してもらえることを実感しました。

! OnePoint Study!

ラグビーで使われている「ノーサイド」という言葉の意味は？

「190センチ近いニュージーランド人の大型ロックにタックルをぶちかました」、と話す168センチの竹内さん。「ノーサイドの笛が吹かれ、クラブハウスに戻ると〜」と仲間たちから祝福されたというエピソードがありますが、「ノーサイド」という言葉、よくラグビーの中継などで聞きませんか？　いったい、どういう意味の言葉なのでしょうか？　“試合終了”のことだそうですが、主に日本では“戦い終わったあと、互いの健闘を讃え合う”という意味も込められているそうですよ。それぞれのスポーツによって、いろいろな言葉が使われているんですね。

次の試合、スターティングメンバーを見ると、私の名前がありました。ニュージーランド人は、わかりやすいんですよ。コンタクトプレーが大好き。ボールを持っている選手をどれだけ倒すかに重きを置いています。このマインドは、日本にはないところです。

グラウンドの状態が悪いとか、足が痛いとか、そんなものはいっさい関係ない。1対1で勝つか、負けるか。ニュージーランドの監督たちは、目の前のフィールドで見たものを信じます。どれだけ素晴らしい実績を持っていても、「まず見せろ、いま見せろ」と。試合でいま貢献できるかどうかが、絶対的な評価の基準になります。そこで結果を残すことができれば、どんどん上に上がっていけます。

94年にはノーザン・ユナイテッドU－21のチーム内でもっとも成長した選手に贈られる「MIP（Most Improved Player）」を受賞しました。シニアカテゴリーに昇格したあとも、98年にまた同じ賞をもらいました。個人的には、すごくうれしい賞でしたね。選手としてはノーザン・ユナイテッドで約10年間プレーし、ウェリントン州クラブ選手権でも準優勝することができました。

当時から私が大切にしていたのは「T・P・P」。

「T」はThank you。ニュージーランドに来るチャンスを与えてもらったこと、この場所で生活できているという感謝。

「P」はProud。日本人としての誇りです。日本から来ていたので、なめられてはいけないという思いを持っていました。

もうひとつの「P」はPassion。ラグビーへの情熱です。どのような逆境に立たされても、この3つが這い上がっていくガソリンとなりました。

ラグビーのコーチの道へ
何より大切なのはコミュニケーションとリスペクト

日本を飛びだした当初の予定では、語学学校に1年、短期大学に2年通い、計3年で帰国するつもりでした。それが周囲の人たちにサポートされながら、たくさんのチャンスをいただき、「Today is a gift」の精神で突き進んでいくと、どんどん滞在期間は伸びていきました。

ニュージーランドで8年目を迎えた1999年8月には、ニュージーランドスポーツ専門学校（NZIS）に就職。最初は門前払いでしたけど、5回目のプレゼンテーションで校長先生が私の熱意に根負けし、採用してくれたんです。

面接で熱く訴えかけたのは、留学生向けにラグビーに特化した新しいプログラムをつくることでした。充実したニュージーランドのラグビー環境、ラグビー文化の中で、個々のラグビーパフォーマンスを最大限に引き上げる。また人間力、国際力を高めるのを目的としたものです。私がニュージーランドで多くのことを学んだように、若い人たちにも同じような経験してもらいたかった。

たくさんのチャンスがあるこのニュージーランドで、全力で思いっきりラグビーを頑張れる環境を提供したかった。当時は選手を続けながら、就職した専門学校でそのようなプログラムの運営、マーケティングなどを担当していました。

ラグビー人生の転機となったのは2001年。NZISのインターナショナルスクール代表に就任し、選手としてプレーするかたわら、指導者の道に足を踏み入れました。指導する選手たちの笑顔を見ると、また違う充実感を感じたのです。自らの成長を実感する以上に満足度は高かった。本格的に指導キャリアを歩みはじめたのは、ラグビーアカデミーのディレクター兼ヘッドコーチとなった2008年から。でも、これもまた一筋縄にはいかなくて……。

プロを目指す選手たちをはじめて指導したときのことは、いまでも忘れません。練習の初日、グラウンドに行くと、わずか数人しかいなかったんです。ラグビー大国のプライドを持つニュージーランド人からすれば、「実績もない小さな日本人コーチに、俺たちの大事な将来を預けることはできない」と思ったのでしょう。

　いきなり選手たちにそっぽを向かれたことを学校にそのまま報告すれば、私が解雇されるだけです。逆境を乗り越えるために、どうすればいいのかを考えました。まず数人でも練習に参加してくれた選手たちに感謝して満足させる。さらに選手たちとの距離を詰め、彼らの求めていることを理解しようと。ニュージーランドは多様性を認める社会です。マオリ人、トンガ人、フィジー人、サモア人、アジア人など、人種も民族もさまざま。育った環境も違えば、文化も違う。一人ひとりのキャラクターを見極めて、それぞれの文化を理解し、それぞれ違う方法でコミュニケーションを図り、コーチングをしました。

　早朝からからスキル練習をしたいと言えばその要望に応えましたし、選手たちのパフォーマンスを上げられるのであれば、可能な限り、いつでも、どこでも、数名でもコーチングをしてきました。

　選手たちの信頼を徐々につかみはじめると、練習に参加する人数も増えていきました。コーチのライセンスを取得したり、技術、戦術を勉強したりすることはもちろんですが、何より大切にしたのはコミュニケーション。人とのつながりです。関係性を築くためには、互いにリスペクトすることが前提になります。この方程式を理解できたことは大きいです。どれだけいいコーチングをしても、選手に伝わらなければ、意味がありません。

私は基本的に17歳から23歳くらいまでの年齢の選手たちを指導していましたが、6歳から13歳以下のチームを教える機会もありました。私にとっては、新たなチャレンジでした。ニュージーランドの子どもたちには、多くの自由が与えられています。練習中に5秒でも目を離すと、木の上に登っています。練習が面白くなければ、ラグビーを辞めてほかの競技に乗り換えたり、学校の友達との遊びに夢中になったりもします。続けるのも、辞めるのも自由。子どものころから、自分の道は自分で選び、そして自分で責任をとることが徹底されています。

では、コーチは何をするのか。

子どもたちを心から楽しませることです。だから、ゲームをたくさんさせましたし、絶えず体を動かせるメニューを考えました。子どもたちがしっくりきていないときは、臨機応変にメニューを変えました。そして、よく観察しました。英語を話せない中で生き抜いてきたので、洞察力は人一倍身に付いていましたから。

ラグビーを習いに来ているので、ただ遊ばせているだけでは、満足してもらえません。楽しさの中に質も求められます。60分のトレーニングを終えたときに、少しでもうまくさせてやらないと。

練習後、笑みを浮かべてハイタッチをかわしたときは、充実感でいっぱいでした。その笑顔を見れば、次の練習に来てくれるかどうかはだいたいわかります。一つのバロメーターと言ってもいいでしょう。指導する上で大切しているのが、「ALL FOR SMILE」。全員を笑顔にすることをずっと心がけています。

個性を理解し、互いに向き合えば信頼は深まっていくもの

指導者人生を歩みはじめてからも「Today is a gift」の精神は変わっていません。毎日のトレーニングで全ての選手を満足させたいと思っています。一人ひとりの個性を理解し、互いに向き合うことで、信頼は深まっていくものです。人とのつながりは、本当に大事。永住権を取得するときは、NZ-SやラグビークラブのCEO（最高経営責任者）が推薦状を書いてくれて、助けてくれました。

一つの太い結びつきができれば、どんどん輪は広がっていきます。実績も肩書きもない日本人コーチを支えたのは、いまも昔も「Stay connected for Whanau」（家族のつながり）です。2010年にウェリントン・ウエスト・ルースターズRFCU-21のコーチに就任すると、翌年には同チームのヘッドコーチとして、コーチ・オブ・ザ・イヤーを受賞しました。チームへの情熱が評価されたと思っています。

早朝6時から練習に付き合うこともあれば、練習後も居残りで一緒に汗を流すこと

もありました。練習は我慢を強いるものではありません。私は選手たち自身が主体性を持ってとり組む環境づくりに心を砕いています。

選手たちには、「Individual Leadership」（個人のリーダーシップ）という言葉で伝えています。一人ひとりがリーダーにならないといけませんよと。そのためには、「S・D・A・A」を実践することが重要になってきます。

Scanning（状況把握、情報収集）

↓

Decision Making（何をするかを判断する）

↓

Action（行動に移す）

↓

Accountability（行動に対して責任を持つ、自分にベクトルを向ける）

ラグビーは絶えず状況が変化するスポーツです。ゲームプラン通りにいかないことばかりで、ミスが起こるのは前提。だからこそ、いま何をすべきかを考えないといけません。全ての状況を受け入れて、最善のオプションを選択する人間力が必要になってきます。

経験を積めば積むほど、コーチとして自信を付けていきましたが、キャリアアップ志向は持っていませんでした。純粋にもっと指導したい、もっと指導力を上げて、もっと笑顔を集めたいと思いながら、日々を過ごしてきました。

欲をかかずにコーチ業にまい進していると、次第にチャンスが訪れるようになってきました。2012年にウェリントン・ウエスト・ルースターズRFCのプレミア(トップカテゴリー)コーチに就任すると、14年には前年度のクラブ選手権優勝クラブである、タワRFCのプレミアコーチに、同年にホロフェヌア・カピティ州代表のコーチとなりニュージーランド州対抗戦で準優勝しました。がむしゃらに走り続けた結果、気付けばキャリアアップしていました。

自分にしかできない仕事
日本でも、全員を笑顔にさせる環境づくりを

２０１５年には日本ラグビー協会からはじめて声がかかり、そのオファーに迷わずに飛び付きました。「ニュージーランドで経験してきたことを日本ラグビー発展のために還元できるぞ」って。これは自分にしかできない仕事だと感じました。

一方で、心配もありました。私は日本ではまったく無名の存在。雑草と言ってもいいと思います。日本のエリート集団を指導できるのかなと。ラグビーの文化も違えば、環境も違います。正直、怖さがあって……。オークランド国際空港から日本行きの飛行機に乗る前には、不安がこみ上げてきました。

そのとき、ＳＮＳに届いた多くのメッセージに励まされました。

「プライドを持て」

「お前ならできる」

「俺はいつかお前がジャパンのコーチになると思っていた」

竹内さんは、純粋にもっと指導したい、もっと指導力を上げて、もっと笑顔を集めたいと思いながら、日々の指導にあたった

ニュージーランドの仲間たちからのエールです。心のこもった一つひとつのメッセージに目を通すと、ふつふつとやる気があふれてきました。私はニュージーランドを代表して、ジャパンに行くんだってね。世界ナンバーワンの国で20年以上、積み上げてきたものがあります。「Players First」の精神で選手たちの主体性を伸ばし、また練習後、全員を笑顔にさせるような環境づくりを提供しようと心に誓い、日本に向かいました。

最初の仕事はU－20日本代表のスポットコーチ。フィジー遠征に帯同したんです。その翌年にはU－20日本代表のコーチとしてジュニアワールドカップに参加し、日本代表のコーチも短期間務めました。

日本代表に合流して間もないころは、環境や考え方の違いに戸惑いましたが、いままでのように瞬時に情報を集めて適応していきました。考え方を変える必要もありましたが、ニュージーランドで積み上げてきたもの、変えない部分は変えなかったです。

コーチから一方通行のコミュニケーションをとるのではなく、選手一人ひとりをリスペクトし、相手の話を聞きました。「なるほど」という相槌を多く使い、コーチ側からは「Ｎｏ」「Ｗｈｙ」と言わないようにしています。

「なぜ、そのプレーを選択したのか」と聞けば、選手は「悪いことをしたのかな」と思ってしまいますから。選手に話を聞くときは、その判断をしたときにどのような状況だったのか、何が見えたのか、と問いかけます。

言葉のチョイス、タイミングには特に気を配っています。「Today is a gift」の言葉を授けてくれた恩師のヒカ・リード氏（元ニュージーランド代表）から大きな影響を受けているのですが、たとえ修正すべきことがあっても、頭からネガティブなことは言いません。まずは良いところを褒めること。ポジティブな部分を2つ、3つとピックアップしてから、話をはじめます。改善すべき点はそのあとに伝えて、最後はそれを改善すればさらなる可能性が広がることを明確にし、ポジティブで締めます。

ポジティブな「たら・れば」と私は表現しますが、「もしもこのミスや失敗がなかったら、このような気付きはなかった」、また、「これがうまくできなかったから、さらなるレベルの高いことができるようになった」と考える。選手たちのモチベーションを高めるために、翼を授ける〝レッドブルコーチング〟とも言っています。

ほかに意識していることは、ミーティングだけで伝えるのではなく、なるべくグラウンドの上で多くコミュニケーションをとること。U－20日本代表に帯同したときは、居残りでひたすら1対1の真剣なタックル練習を繰り返すことで、コミュニケーションを図ったこともありました。

ジュニアワールドカップが開催されたイングランドのマンチェスターで、何度となく前田土芽（当時・筑波大学／現・NTTコミュニケーションシャイニングアークス東京ベイ浦安）のタックルを受けたことはよく覚えています。タックルは理屈ではありません。できるか、できないか。マインドをリセットし、一緒に問題を解決していきました。

昨日は変わらない、明日、何が起こるかわからないこそ、いまを全力で生きる。「Today is a gift」が竹内さんが伝えていきたいメッセージだ

習慣、文化の壁を越えて結果が出なければ、明日はない

日本でさまざまな代表チームのコーチを経験したことで、ニュージーランドに戻ってからは余裕が生まれました。観察力がより磨かれたと思います。ニュージーランドと日本で肩書が加わり、よりリスペクトされるようになりましたが、私の根本は変わらなかったです。60分の練習で選手たちにどれだけ満足して帰ってもらうかが全て。これが、自分の中での基準です。

ホロフェヌア・カピティ州代表のコーチとして4年目を迎えた2017年。124年ぶりにニュージーランド州対抗戦で準優勝に導くことができ、契約更新のオファーも提示されました。「あと2年は残ってほしい」と。とても名誉で光栄なことでした。翌年、州代表が125周年を迎えることもあり、次こそは優勝を狙う準備をしていたのです。ニュージーランドで、このまま指導キャリアを積み重ねていくことも考えていたときでした。そんなとき、日本のNTTドコモレッドハリケーンズからアシス

タントコーチのお話をいただいたんです。

海を越えて、私が住むニュージーランドまで何回も足を運んでくれて、熱心に誘ってくれました。ニュージーランドでラグビーに情熱を傾けてきて25年。自分の経験を日本ラグビーのために還元したい、楽しみながらプレーする環境をつくり、継続的に日本で笑顔を集めたいと思いました。自分の経験を生かし、日本ラグビーに貢献するのは私の夢でしたから。

そして、いま故郷の日本に帰国し、4年目になります。あらためて、ニュージーランドと日本では、ラグビーを取り巻く環境の違いを実感しています。試行錯誤を続けているところですが、とにかく意識を変えていきたいです。人生の崖っぷちに立っているようなマインドセットで自分の限界にチャレンジできる空間を提供するために、いろいろと工夫し、アプローチしています。

ミーティング一つとってもそう。周囲の目を気にせず、活発に個人の意見をだしてほしい。そのために、ミーティングルームを小さくしたり、椅子もフラットに並べるのではなく、段差をつくり、より近い距離に置けるようにして、スピーカーとリスナーの距離を縮めることできたら、全員が参加している雰囲気をつくれるんですよ。

日本には和を重んじる文化が根付いていますが、ラグビーの特性を考えれば、もっと個を主張しないといけない。試合で結果を残すためには、一人ひとりがリーダーシップを発揮しないと。自分から情報を集めて判断し、行動することが大事です。

ミーティングルームで話していたことが、フィールドで実践できないこともあります。そのときにキャプテン頼みではなく、個々で判断することが重要になってきます。

習慣、文化の壁を越えていくのは大変ですが、これも一つのチャレンジだと思っています。勝負の世界は、勝つか、負けるか。プロのアシスタントコーチとしては、結果が出なければ、明日はありません。

! OnePoint Study!

オールブラックスの代名詞「ハカ」
迫力満点のパフォーマンスが持つ意味とは？

「オールブラックス」が試合前に行う「ハカ」というパフォーマンスの迫力は圧倒的！　なぜ彼らがハカを踊るのかを知っていますか？　ハカはニュージーランドの先住民マオリの伝統的な踊りで、儀式や戦闘に臨む際に披露されるもの。一族が団体で行うハカは、部族の強さと結束力を表現します。ラグビーの試合は、世界中の国やチームと競い合いますよね。ハカは、恐怖心をとりのぞき、個々の強さや団結を与え、自身を奮い立たせるなど、戦う準備や心構えをするためのものなのです。竹内さんが追求してきた人と人とのつながりや結束力の大切さが、このハカにも現れていますね。

©Getty Images

失敗もあるが、そこから学び、成長もできる
壁を乗り越えたときの思いは格別

挑戦を続けていかないと、その先はないと思います。いままでやってきたことにあぐらをかいている余裕はありません。コーチングも日進月歩で進化します。日々、頭の中をアップデートしていかないと、時代の流れについていけません。失敗を恐れずに挑戦を続けたからこそ、リスペクトもされ、信頼もつかんできたと思います。

チャレンジは、太いつながりをつくるための手段でもあります。新しいことに挑めば失敗もしますが、そこから学んで成長もできます。そして、壁を乗り越えたときの思いは格別です。指導者として、選手たちをサポートし、成功に導けたときの喜びは何物にも代えがたいです。だからこそ、チャレンジを続けているんでしょう。

「Have a fun to do the impossible」

できることをやり続けるのも大切ですが、できないことをやる喜びを持って、それができるようになるまで、今後もどんどんチャレンジし続けたいですね。

Profile

竹内 克

たけうち・かつ

1973年1月12日生まれ。三重県立松阪高校でラグビーをはじめ、卒業後は本場ニュージーランドへ留学。ノーザン・ユナイテッドRFCでプレーをしながら、ニュージーランドスポーツ専門学校でラグビープログラムの運営とマーケティングなどを担当。ニュージーランドでさまざまなレベルの代表コーチとして活躍しながら、U-20日本代表、日本代表のコーチも務めた。2018年にNTTドコモレッドハリケーンズのアシスタントコーチ、ノーザン・ユナイテッドRFCのスキルコーチに就任。

動画で CHECK!!

日本とはまったく異なる環境のニュージーランドでラグビーの指導をしてきた竹内さん。コーチとして活躍する姿を、動画で確認しよう!

Message 03

安田 好隆さん

日本を飛びだし ポルトガルとメキシコで サッカー指導者の道に

過去は過ぎたもの、
未来は未知のもの。
いまできることを
必死で考える、
その繰り返しが
いまにつながっています

Jリーグに加入する大分トリニータでヘッドコーチを務める安田さんは、大学を卒業して間もなく、自分の武器を手に入れるためにメキシコとポルトガルに向かいました。どこに行っても根幹にあったのは「全力で挑戦すれば全てが成功」という考え。そのときにできることを必死に考え続け、道を切り開いてきた安田さんの歩みを紹介します。

プロ未経験の異色のヘッドコーチ
わずかなチャンスを逃さない、武器を持つことが大事

サッカーＪ１の大分トリニータでヘッドコーチをしている安田好隆です。まずは、僕の現在の仕事内容を説明しましょう。チームによって任せられる役割は異なりますが、簡単に言えば監督のサポートです。監督は決断の連続です。試合の戦い方や選手選考、試合に向けての練習メニューだけでなく、選手の補強などピッチ内外で起きるチームの全てのことを決めなければいけません。

試合のときであれば、ヘッドコーチである僕は、練習してきたことができているのか、相手とのかみ合わせはどうなのか。もしうまくことが運んでいなければ、変えるべきことは何かを分析し、監督に提案をします。監督が決断するための材料を提案するのが、コーチの仕事だと僕は思っています。

コーチの上に「ヘッド」という名称が付いていますが、ほかのコーチと役割は大きく変わらないと思っています。大分のスタッフは監督、ヘッドコーチ、コーチ２人、

GK（ゴールキーパー）コーチ、フィジカルコーチがいますが、練習メニューもみんなで話し合って決めていますし、全員で監督をサポートしようという意識が強いです。

Jリーグの監督はプロ選手を経験した人がほとんどで、日本サッカー協会が公認する指導者ライセンスの最高位「公認S級コーチ」の資格取得が監督になるための必須条件となります。このS級を取得するためには多くの時間と費用が必要です。C級、B級、A級と順次資格を取得していく必要があります。また、指導実績もしくは競技実績が認められなければ、次の資格を受けることはできません。幸い、僕は2020年にS級ライセンスを取得することができましたが、クラブからのオファーがなければ監督になることはできません。

これまで何人かのJリーグのクラブの監督と仕事をしましたが、監督が抱える仕事の量、責任の大きさはコーチとは全然違います。一番近くで、その仕事ぶりを見ているのだから、凄さがわかるんです。指導者としての能力はもちろんですが、プレッシャーに耐えることができる精神力の強さも必要な職業だと思います。

サッカーの世界では、監督やコーチになりたくても、自分で決めることはできません。需要と供給がマッチしなければ成り立たない世界なので、与えられた場所で与えられた仕事に対してベストを尽くさなければいけないと思っています。そして、チャンスは誰にでも平等にくるわけではありません。

僕のようにプロ選手の経験がない者、競技実績がない者がJリーグのクラブの監督やコーチになるケースはこれから増えてくると思いますが、いまはまだ稀なほうだと思います。それでも指導実績を積んで、結果をだし続ければいつかはチャンスが訪れる。そのわずかなチャンスを逃さないアンテナの感度、チャンスを増やすための武器、チャンスをものにするための実力を持つことが大事だと思っています。僕がそんな考えに至った経緯やこれまでのサッカー人生、指導経験で得たことなどを、これからお話ししていければと思います。

! OnePoint Study!

サッカー指導者の最上位ライセンス「S級」取得までの長い道のり

Jリーグの監督になるのに必要な「S級ライセンス」を取得するためには、A級を取得した上で、講座を受講する必要があります。ただし、この講座を受講するための審査があり、通過できるのは毎年20人前後！　非常に狭き門なのです。毎年200人近い応募があると言われ、審査にあたってはJリーグでの選手経験なども考慮されるため、安田さんのようにプロ選手経験なしで受講すること自体が、いかにすごいことなのかわかるでしょう。講座では、座学や実技、また実際にクラブでのインターンシップや実地研修などを経て、認定のためのテストを受けることになります。

■JFA公認指導者ライセンス

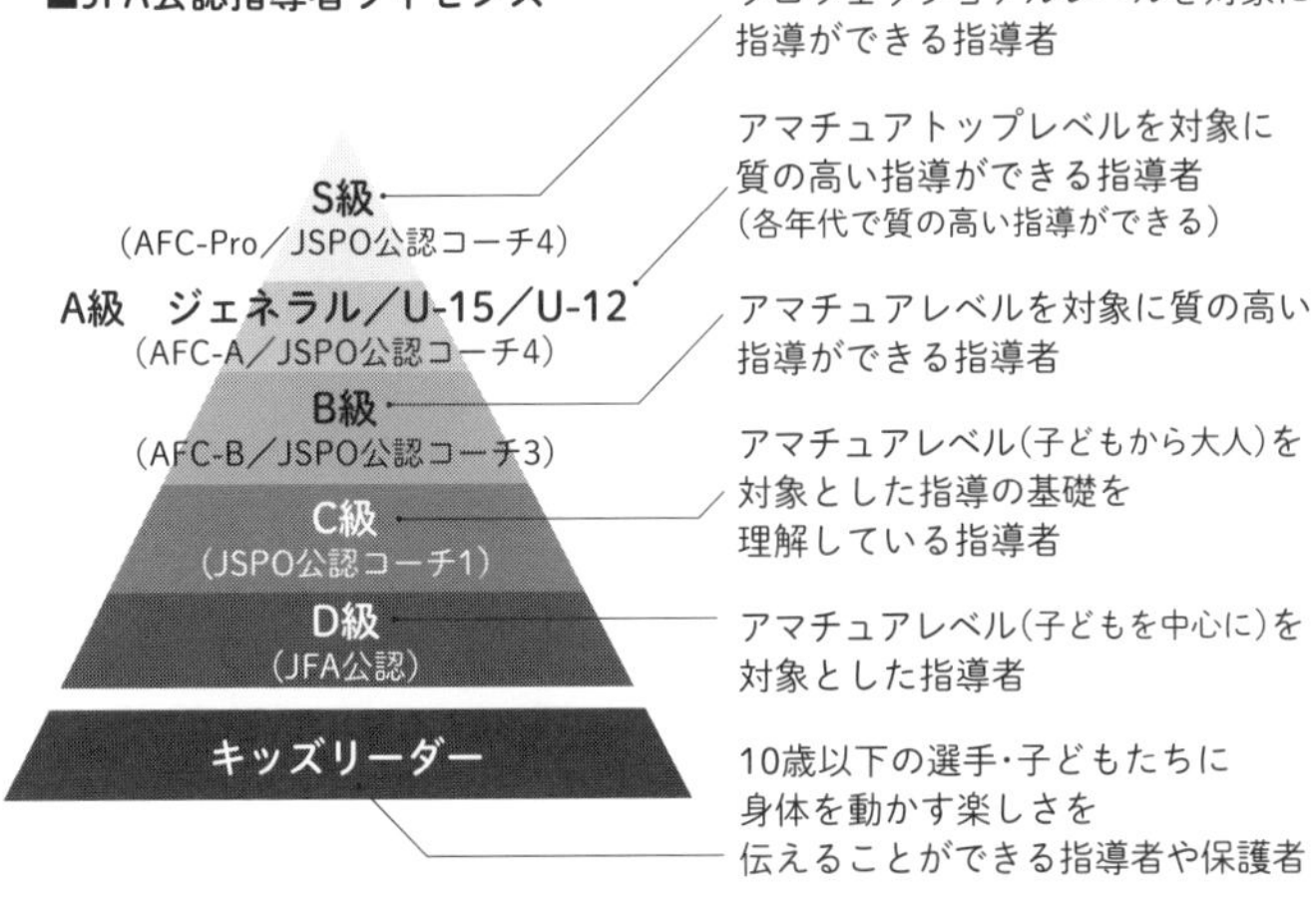
プロフェッショナルレベルを対象に指導ができる指導者

「プロにはなれない」けれどサッカーが好きだから関わりたい

僕がサッカーをはじめたのは幼稚園のころ。仲の良い友だちがサッカーをやっていたので自然と興味を持つようになり、高校まで選手としてサッカーを続けました。ポジションは攻撃の中心から徐々に下がり、最後は守備の要であるセンターバックでプレーをしました。技術の高い選手ではなく、自分が思い描くプレーができず悔しかったのを覚えています。どうすれば上手になれるのだろうと考えてはいましたが、振り返れば怪我が多く、取り組む姿勢や練習も足りなかったのかなと思ったりします。

中学の卒業文集に「将来の夢はサッカー選手になる」とは書かず、「サッカーを続けている」と書いた記憶があります。「プロにはなれない」と、そのころに思っていたのかは定かではありませんが、サッカーに関わりたいと思っていたのは確かでした。

中学、高校時代はどんな人間だったかと言えば、クラスの中心にいるようなキャラクターでもなく、ヤンチャでもない普通の子でした。親が文武両道を勧めていたので、サッカーだけの毎日ではなかったですね。

中学までは全国大会に出場した実績もなければ、選抜チームに選ばれたこともありません。それでも高校は、サッカーの強豪校・國學院久我山高校に進学しました。もちろんサッカー推薦ではなく、一般入試でした。國學院久我山を選んだのは、魅力的なサッカーをしていたからで、部員が100人を超え、AチームからFチームまであるような高校でした。

1、2年生のころは試合に出られませんでしたが、Aチームには入っていました。ただ、Aチームに入っても試合には出られず、それならば「Bチームでいいので試合に出たい」と直訴したこともありました。

Aチームで力不足なのはわかっていたけれど、試合には出たかった。Bチームで試合に出ながら、自分にできることを伸ばしたほうがいいと判断しました。その後、Bチームでキャプテンをして、またAチームに戻ったのですが、自分で判断して、自分の考えを主張することは、このころからできていたと思います。

3年生になって試合に出るようになりました。ただし、インターハイ予選、全国高校選手権の都大会でどちらも決勝まで勝ち上がったのですが、僕のミスで負けたことをよく覚えています。国士舘高校とのインターハイ予選の決勝では、股抜きで抜かれてしまい、決勝点を与えてしまった。帝京高校との高校選手権予選の決勝は、僕のビルドアップのミスからカウンターで失点しました。大事なところで力をだせなかった、そんな選手でした。

指導者になろうと思ったのは、サッカーが好きだったからです。

プロサッカー選手にはなれないけど、「サッカーに関われる仕事はなんだろう」と考えた結果が指導者でした。指導者に魅力を感じたのは、高校時代のリ・ジェファ監督や、当時コーチだった正木裕史さん（現・三菱重工浦和レッズレディースヘッドコーチ）ら指導陣が好きで、その仲間となって指導ができたら面白いなとずっと思っていたからです。

3年生の全国高校選手権が終わったら「コーチとして部に残りたい」と監督たちに伝えていたので、都大会決勝が終わった翌日、同級生は部を引退しましたが僕は後輩たちの指導をしていました。

プロサッカーの選手にはなれないけど、「サッカーに関われる仕事はなんだろう」と考えた結果が指導者だった

プロ経験者の指導者と勝負するには圧倒的努力で、貢献できる武器を磨く

高校卒業後は成蹊大学に進学するのですが、母校でコーチを続けながら通える大学、教職の免許を取得できる大学、部活を最後まで続けるために推薦でいける大学という条件の中から選びました。選手のころもサッカーが楽しかったけれど、コーチはもっと面白いと思えました。

大学に入ってからの2年間は母校でコーチをして、その後、町クラブの横河武蔵野FCで2年間、小学生、中学生のカテゴリーのコーチをしました。当時の目標は、高校の教師になってサッカーを教えることでした。大学4年生のときに國學院久我山へ教育実習に行き、2年ぶりにサッカー部でコーチができると思っていましたが、実際は授業の準備をすることで手いっぱいでした。

充実した授業にするためには準備が必要で、それはコーチとして指導しているときと同じ感覚でした。もし授業中に寝ている生徒がいるのなら、それは授業が興味を持

てる内容でないからであり、選手が練習に集中しないのは練習メニューが面白くないのと同じだと思いました。だから授業の準備は一生懸命したのですが、そこに時間をかければかけるほど、部活の指導は遠のいていきました。

教育実習で感じたのは、授業をしながら部活で教える教師の大変さでした。さらに、週末は試合に同行する監督はすごいと思ったものです。自分にはそれはできない、サッカーを指導するなら専念するべきだと思ったし、教師になるのなら、授業をいいものにするためにサッカーを切り離さなければいけない。

一つのことに集中したい性分なので両立は厳しく、考えた末にサッカーを選びました。大学の教職の授業は面白かったし、勉強になったのは確かです。人を指導することはコーチと同じだったし、いまもサッカーの現場で役立っているので無駄なことはなかったと思っています。

プロの指導者になることを目標にしてからは、横河武蔵野ＦＣで指導者を続ける道もありましたが、Ｊリーグのクラブで指導したいという思いもありました。

ただし、毎年多くのプロ選手が引退し、指導者を目指す人がたくさんいる中で、このまま順番待ちをしていてもチャンスはない、元サッカー選手の指導者に割って入って勝負はできないのは明白でした。

プロサッカー選手としての経験は指導者をするうえで貴重であり、僕は一生経験できない。それならば、プロ選手を経験した人たちより勉強をしないといけない、自分の武器を持たないといけないと漠然と考えていました。プロの指導者としてやっていくには、いろいろなことができないと生き残れない。ならば海外で指導者の勉強をするべきだが、「どうやって?」と考える日々が続きました。


そんなときに日本サッカー協会（JFA）と外務省が共同事業でメキシコ留学を支援する奨学金制度を知り、C級ライセンスの試験を受けたときに、その制度を使って指導者になった方に会うことができました。林晋太郎さん（現・SOLTILO CHIBA FC GKコーチ）という方で、のちに大分トリニータでGKコーチをされた方です。

この出会いは僕にとって非常に大きかった。

レポートを見せてもらったり、アドバイスを受けたり、いろいろとお世話になりました。大学4年生になると同級生は就職活動をしますが、僕は奨学金制度を使ってメキシコに行くこと一本に絞ったんです。親はとても心配だったと思いますが、絶対に留学できるからと言って説得。面接に受かるための万全の準備をしました。確かノート2冊分ほど、面接で聞かれるだろう内容を想定して、どんな質問にも答えられるように準備をした結果、メキシコ行きの切符をつかみました。

僕の人生を振り返ると、困難にぶつかったときに「〝いま〟何をすれば現状を打破できるか」を常に考えていました。

過去は過ぎたもので、未来は未知のもの。

いまできることを必死で考え、それを繰り返していまに至っています。巡り合わせや周りの環境に恵まれ、周りが運を運んでくれたことも事実です。運が良かったといえばそれまでですが、行動しなければ可能性は生まれなかった。それは、いまを大事にしてやり続けたからこそ巡ってきた縁なんだと思います。

海外挑戦、メキシコに4年
「自分の道は自分で切り開くしかない」

メキシコ行きに関して、もう一つ縁がありました。それは、前田和明さんという方です。『王者交代　悩めるブラジル躍進するフランス』（ＮＨＫ出版）という本の著者で、僕はそれを読んで感銘を受けました。

前田さんは、高校卒業後にサッカー選手を志して単身スペインに渡り、その後はブラジルでプロになった方で、会ってみたいと思いました。知り合いを通じて前田さんのメールアドレスを聞いて、「メキシコでサッカーを学びたいがインターネットを調べても情報がない。コーディネート業者に頼むべきか」などを質問したと思います。前田さんからの返信のメールには、「自分で開拓しなければ海外在住の意味がない」「コーディネート業者を使ってサッカーを学ぶことが、どれだけ高いお金を払っているか現地に行ってみたらわかる」「自力で営業力を付けることが成功の鍵」といった内容が丁寧に書かれていました。

いまよりも格段に情報が少ない時代に海外に単身で乗り込んだ前田さんは、僕より数段苦労したはず。メールを読んで「俺はなんて甘い考えをしていたんだ、自分の道は自分で切り開くしかない」と痛感し、スイッチが入りました。

その後、大学の卒業式を控えていましたが、すぐにメキシコに行きました。理由は、留学プログラムがはじまる前にメキシコに馴染んでしまえば、奨学金を有効に使えると思ったからです。

3カ月間メキシコに滞在し、ホームステイ先を見つけ、語学学校に通う手続きを行い、仕事先も決めました。最初の数週間は言葉が通じず、なんのツテもない中、店で食べ物を買うことも、バスに乗ることもできずに苦労しました。

そんなとき、唯一の楽しみがストリートサッカーでした。

言葉が通じなくてもサッカーはできた。「サッカーは世界の共通言語」なのだと肌で感じることができました。全てを自分の判断で決めていくことは労力も時間もかかったけど、自分でアクションを起こすことで得るものの大きさを知りました。

そして、奨学金を使って二度目のメキシコへ。

ほかの人より語学だけでなく適応力も高かったと思います。海外留学をして最初に味わう大変さをすでに経験していたので、アドバンテージになったのは確かです。

その半年後、サッカーＵ－17日本代表のコパ・チーバスという国際大会がメキシコであり、僕は海外研修団の連絡員のような役を担い、通訳の仕事のようなアテンドをしました。それは、僕がある程度、メキシコの公用語であるスペイン語を話せたからであり、半年＋３カ月のアドバンテージがあったからこそだと思います。

メキシコに行って何を学んだかと問われたら、「人生を学んだ」と答えます。海外では、自分の意見がないと相手にされません。自分の意見を持つには、自分を変えて、努力し続けなくてはいけません。そのために行動し続け、自分で可能性を切り開くことを学びました。その原動力となったのは、指導者として、一個人として強くなりたいという思いでした。このメキシコ時代の鍛錬が、間違いなくいまの僕の人生の基盤となっています。

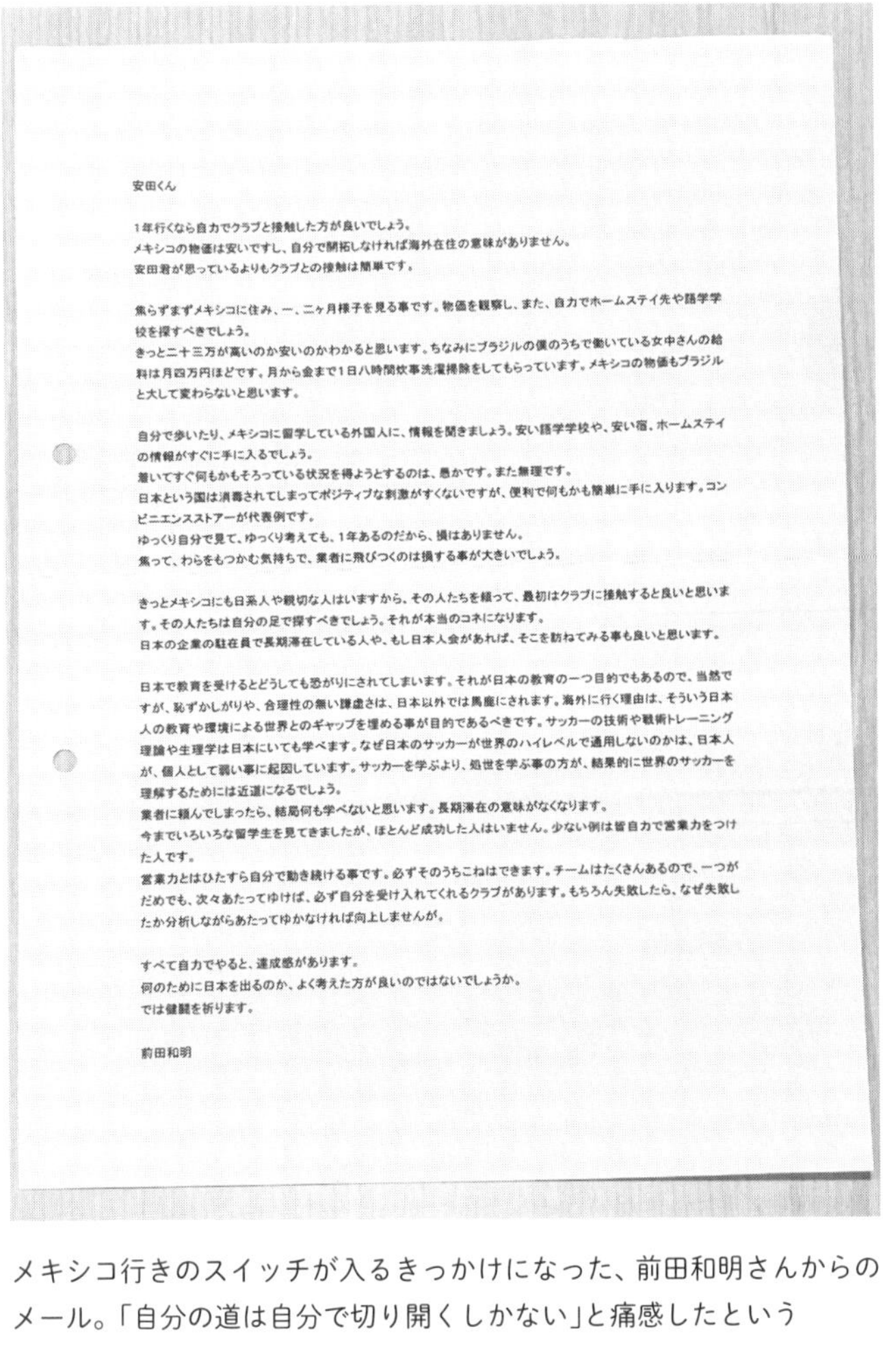

安田くん

1年行くなら自力でクラブと接触した方が良いでしょう。

メキシコの物価は安いですし、自分で開拓しなければ海外在住の意味がありません。

安田君が思っているよりもクラブとの接触は簡単です。


焦らずまずメキシコに住み、一、二ヶ月様子を見る事です。物価を観察し、また、自力でホームステイ先や語学学校を探すべきでしょう。

きっと二十三万が高いのか安いのかわかると思います。ちなみにブラジルの僕のうちで働いている女中さんの給料は月四万円ほどです。月から金まで1日八時間炊事洗濯掃除をしてもらっています。メキシコの物価もブラジルと大して変わらないと思います。


自分で歩いたり、メキシコに留学している外国人に、情報を聞きましょう。安い語学学校や、安い宿、ホームステイの情報がすぐに手に入るでしょう。

着いてすぐ何もかもそろっている状況を得ようとするのは、愚かです。また無理です。

日本という国は消毒されてしまってポジティブな刺激がすくないですが、便利で何もかも簡単に手に入ります。コンビニエンスストアーが代表例です。

ゆっくり自分で見て、ゆっくり考えても、1年あるのだから、損はありません。

焦って、わらをもつかむ気持ちで、業者に飛びつくのは損する事が大きいでしょう。


きっとメキシコにも日系人や親切な人はいますから、その人たちを頼って、最初はクラブに接触すると良いと思います。その人たちは自分の足で探すべきでしょう。それが本当のコネになります。

日本の企業の駐在員で長期滞在している人や、もし日本人会があれば、そこを訪ねてみる事も良いと思います。


日本で教育を受けるとどうしても恐がりにされてしまいます。それが日本の教育の一つ目的でもあるので、当然ですが、恥ずかしがりや、合理性の無い謙虚さは、日本以外では馬鹿にされます。海外に行く理由は、そういう日本人の教育や環境による世界とのギャップを埋める事が目的であるべきです。サッカーの技術や戦術トレーニング理論や生理学は日本にいても学べます。なぜ日本のサッカーが世界のハイレベルで通用しないのかは、日本人が、個人として弱い事に起因しています。サッカーを学ぶより、処世を学ぶ事の方が、結果的に世界のサッカーを理解するためには近道になるでしょう。

業者に頼んでしまったら、結局何も学べないと思います。長期滞在の意味がなくなります。

今までいろいろな留学生を見てきましたが、ほとんど成功した人はいません。少ない例は皆自力で営業力をつけた人です。

営業力とはひたすら自分で動き続ける事です。必ずそのうちこねはできます。チームはたくさんあるので、一つがだめでも、次々あたってゆけば、必ず自分を受け入れてくれるクラブがあります。もちろん失敗したら、なぜ失敗したか分析しながらあたってゆかなければ向上しませんが。


すべて自力でやると、達成感があります。

何のために日本を出るのか、よく考えた方が良いのではないでしょうか。

では健闘を祈ります。

前田和明

メキシコ行きのスイッチが入るきっかけになった、前田和明さんからのメール。「自分の道は自分で切り開くしかない」と痛感したという留学プログラムは1年でしたが、結果的に4年間メキシコにはいました。1年で何かを成し遂げられるなんて最初から思っていなかったので、もともと長期的に考えていました。

僕の行動は経歴だけ見ると突発的だと思われますが、実は俯瞰《ふかん》的に自分を見る目というか、冷静に物事を判断していることが多いと思います。決断への準備を怠ると得るものは少ないということは、練習せずに試合に臨むようなものだとサッカーを通じて教わっていたからかもしれません。

メキシコの1年目は生活の基盤をつくるための下準備としました。現地で収入源を確保するためにメキシコ人に日本語を教えたり、試合の審判をしたり、コーチとして働けるクラブを開拓するために動き回りました。ビザをもらうために大使館で資料を申請するのも、住居の契約なども、全て自力で行いました。

1年間の留学を終えていったん帰国しましたが、すぐにメキシコに戻ることができたのはその下準備のおかげです。

! OnePoint Study!

実はサッカーが国民的人気スポーツ 世界トップクラスの観客動員を誇るメキシコ

メキシコは、野球やボクシング、ルチャ・リブレと呼ばれるプロレスなども人気スポーツですが、メディアの露出ではサッカーが一番。国内の強豪クラブ「クラブ・アメリカ」はメキシコ最大のテレビ局「テレビサ」がオーナーを務め、元日本代表の本田圭佑選手も所属した「パチューカ」も、世界長者番付1位になった実業家が経営に携わるなど、大企業が各クラブをバックアップしています。国内リーグ「リーガMX」の1試合平均観客動員数は約25,000人（2013〜18年）で、これはドイツ、イングランド、スペインに続く世界で第4位！　世界トップクラスの動員数を誇るサッカー人気国なのです。

■世界各国リーグの「平均観客動員数ランキング」(2013〜2018年)

順位	国名・カテゴリ	平均観客動員数(人)
1	ドイツ1部(ブンデスリーガ)	43,302
2	イングランド1部相当(プレミアリーグ)	36,675
3	スペイン1部(リーガ・エスパニョーラ)	27,381
4	メキシコ1部(リーガMX)	25,582
5	イタリア1部(セリエA)	22,967
6	中国1部(スーパーリーグ)	22,594
7	フランス1部(リーグ・アン)	21,556
8	アメリカ1部(MLS)	21,358
9	オランダ1部(エールディヴィジ)	19,154
10	ドイツ2部(2.ブンデスリーガ)	18,814
11	イングランド2部相当(チャンピオンシップ)	18,526
12	日本1部(J1)	18,227

(出典:スイスのサッカー専門調査機関「CIES Football Observatory」)

2年目からはサッカー漬けの毎日でした。僕は厳しい環境に身を置かないとダメになるタイプなので、望んでいた環境でした。メキシコの指導者ライセンスは、半年で1カテゴリーのライセンスを取得できます。プロのカテゴリーで指導できる「レベル4」の資格を取得するまで、最短で2年必要でした。

午前中はトップカテゴリーの練習を視察し、午後は自分の働くクラブの育成年代のコーチをして、夜は指導者学校に通う生活を続けました。気になる指導者がいたら自分から会いに行って、練習を見て、その後にディスカッションをしてサッカーを学ぶ。そんな生活を続けていると、さまざまな方と知り合い、縁がつながる。最初は土のグラウンドで10人集まるかどうかのクラブチームの育成年代の指導からはじまりましたが、知り合いの推薦や指導が評価され、大きなクラブへステップアップすることができました。メキシコでの4年目は、チェトゥマルFCというプロクラブのトップチームのコーチをやらせてもらう経験もできました。

メキシコでの4年間は、自分の生活環境も含めて変化の連続でした。お金がなくタ

サッカー以外の面も含めてさまざまな経験をし、「人生を学んだ」というメキシコでの4年間（後列左から3番目が安田さん）

イ米に醤油をかけて食べた時期もありました。ただし、実績を積み、結果をだせばステップアップできることも経験できたのです。給料も上がり、最終的には安い中古車を買え、最初に比べればそれなりにいい暮らしもできました。

失敗や挫折を繰り返して成功があると言われますが、正直なところ、僕は成功も失敗もしたとは思っていません。嫌なことは忘れるし、失敗したとしても、それを貴重な「情報」として、どうしてそうなったかを徹底的に考え、次にできることを見つけて進むだけでした。

好きなサッカーを勉強し、指導できること。それが全てでした。

だから、そんなメキシコでの4年間をいったんゼロにして、次の成長に向けてポルトガルに迷いなく留学できたのだと思います。

自分にとって難しそうな選択のほうが成長できる
全力で挑戦すれば全てが成功

ポルトガルに行くことを決めたのは一冊の本がきっかけでした。

メキシコでの4年目は、仕事も順調で充実した毎日を過ごしていたのですが、ポルトガルのポルト大学に在籍していたスペイン人が書いたある本に「戦術的ピリオダイゼーション」というサッカーのトレーニング方法論についての論文が掲載されていて、それ読んで衝撃を受けました。これまでのサッカー観が全て変わったのです。これまで常識と思っていたことが常識ではなかった、これまで学んだことが全てくつがえる、そんな感覚でした。

「戦術的ピリオダイゼーションを学ばなければ次に進めない」

頭の中はそれだけになり、戦術的ピリオダイゼーションの創案者であるヴィトール・フラーデ教授がポルト大学のスポーツ学部にいることを知り、進学すると決めました。そこからの行動は早かったです。

突然の帰国で親は驚いたと思いますし、知り合いも「どうしたの？」という感じでした。その時点で決まっていたことは何もなく、ポルトガルに行って戦術的ピリオダイゼーションを学びたいという思いだけ。

僕にはそれだけで十分でした。

入学方法もわからなければ、お金もない。半年かけてバイトで資金を集めて、ポルトガル大使館に通って、大学受験の流れを聞きました。メキシコにはじめて行ったときと同じように、何もないところから自分で切り開くことに対する不安なんてものはなかった。ただ、向こうみずの無鉄砲というわけではなく、大学院に合格するための可能な限りの準備は行いました。

受験の出願書類だけでは勝ち目はないとわかっていたので、メキシコでの実績やライセンスのコピーを送り、自分のアピールできるところは全て詰め込んだ。意思のあるところに道は開ける。僕は合格を勝ちとり、ポルトガルに渡りました。

ポルト大学では、戦術的ピリオダイゼーションに特化して学びましたが、ここでは

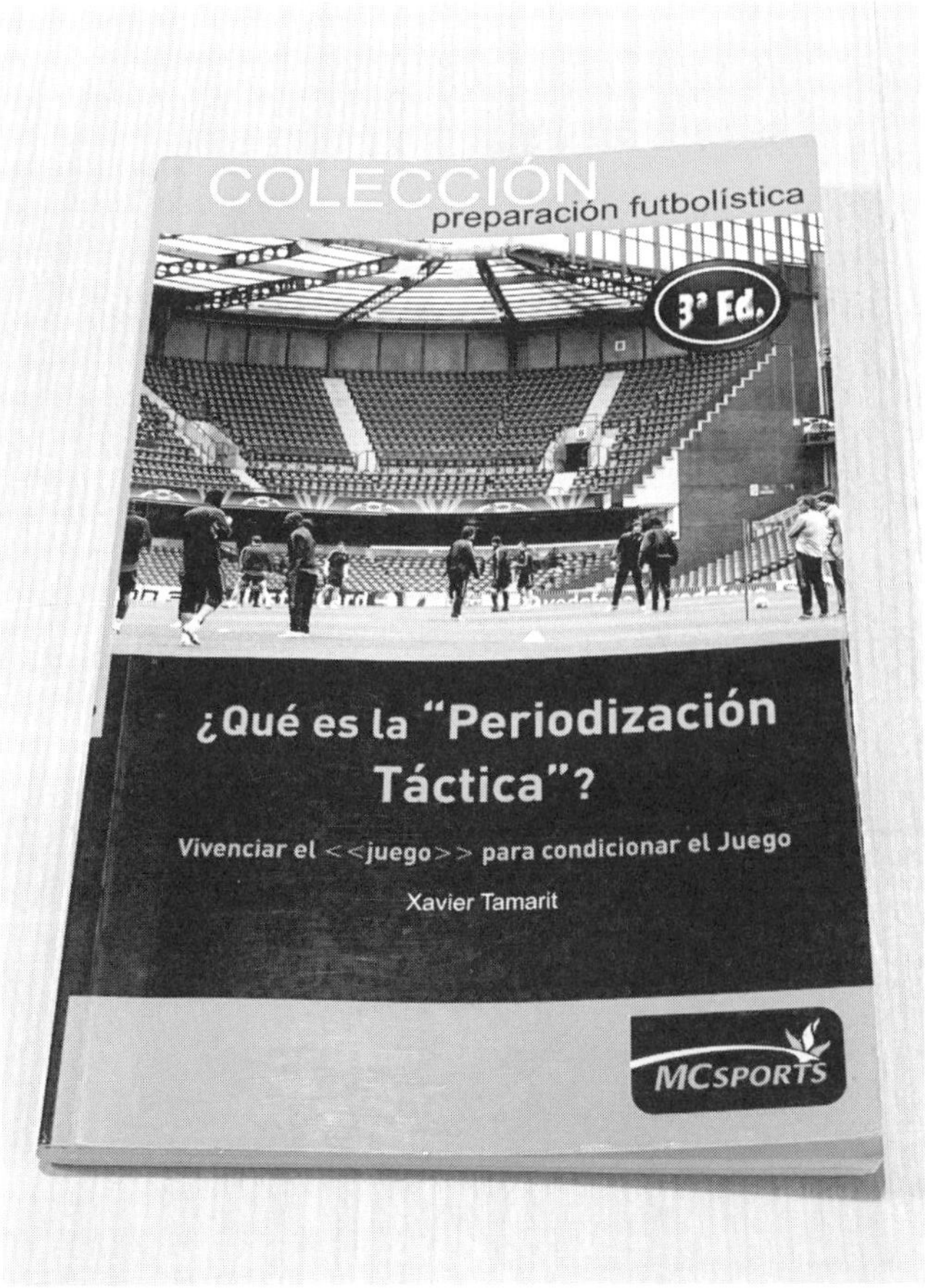

「戦術的ピリオダイゼーション」に関する論文が掲載されたこの本を読んでサッカー観がくつがえされ、ポルトガル行きを決断した

自分が何も知らないことを思い知りました。いままで積み上げたことは何だったのかと、打ちのめされたのです。そのことを正直に教授に話したら、「それを知れたことがスタートだ。お前はスタートラインに立ったんだぞ」と言われ、それから本気で学びました。

良くも悪くも、色眼鏡で物事を見ない。僕には成功体験もないし、こだわりもない。全てがゼロから肉付けできたので、自分がいいと思うものは全て吸収できました。サッカーの捉え方が変われば、試合の見方も変わる。そうなれば練習も必然と変わる。何をどのタイミングで、どのような練習をするのか。大学院の3年間でまったく新しい引きだしが増えました。

ポルトガルでは、クラブ全体で戦術的ピリオダイゼーションを採用するFCＦｏｚというチームのユースチームを指導し、実践的に学べたのが大きな財産となりました。理解していても、実践できないと意味がない。インプットとアウトプットは対であり、どちらかに偏っていては意味をなさない。そんなことを体感できたと思います。

そんな折、あとは論文を書くだけだったタイミングで、J2の東京ヴェルディからコーチのオファーが届きました。「若くて、トレーニング・分析ができて、フィジカルの知識を持ち、通訳ができる人材」という条件に僕がヒットしたのです。

苦労して大学院で学んだのだから、卒業して帰国するのが筋道なのでしょうが、はじめてJリーグクラブのトップチームからのオファーだったので迷いはありませんでした。このチャンスを逃せば、次はいつになるかわからない。単なるサッカーのコーチではなく、自分が磨いてきたスペイン語やポルトガル語の通訳や分析など、役割が多岐に渡ることも魅力でした。

かなりのハードワークが求められることは覚悟していましたが、自分にとって難しそうな選択のほうが成長できる。最初の直感を大事にしました。選択したことが正しいのか間違いなのかなんて関係ない。全力で挑戦すれば全てが成功。そんな気持ちで日本に帰国することを決めました。

自分の人生を自分で考えて選ぶ
自分が大事にしている想いを大切に

現在、日本に戻って8年目。

その間にＪリーグのクラブを3つ渡り歩き、2017年から大分トリニータで指導させてもらっています。東京ヴェルディ時代の三浦泰年さん、柏レイソルU－18時代の下平隆宏さん、アルビレックス新潟時代の吉田達磨さん、そして大分トリニータの片野坂知宏さんと、どのクラブでも、どの監督の下でも、本当にたくさんのことを学ばせてもらっています。

僕が大事にしていることは、どのクラブ・どの監督の下でも与えられた役割を一生懸命に行い、求められることに適応すること。そのためには、なるべく多くの引きだしが必要です。さまざまな立場のスタッフの気持ちを少しでも理解しようと努力し続け、自分の理想と現実のバランスをとり、自分の色をどこまでだすことが現状に最適なのかを常に自問自答する。たくさんの失敗を経験しながら、ここまで来ました。

! OnePoint Study!

海外のサッカー界で活躍するためには スペイン語やポルトガル語も大切

海外でのチャレンジとなれば、英語ができるに越したことはありません。でも、特にサッカーでは、スペイン語とポルトガル語も大切。スペイン語は世界20カ国以上で話されている言語であり、ヨーロッパだけでなく、アルゼンチンをはじめ南米出身の選手たちの母国語でもあります。ポルトガル語は、選手輩出数が世界最多のサッカー王国ブラジルの公用語で（彼らは英語を話せないことも多い）、この2カ国語を学んでおけば、活躍の幅が広がること間違いなし！　Ｊリーグでも、外国人選手の出身国はもちろんブラジルがダントツの1位です。

©Getty Images

僕は、本当に「運」がいい。良い人たちに囲まれて、その人たちが僕に運を運んできてくれました。プロサッカー選手の経験がないのに、プロのチームでコーチをやらせてもらっている背景には、人生の大きな決断のときに、「誰に学びたいのか？　誰と働きたいのか？」という「人基準」で進むべき道を選んできたことが大きかったと感じています。

今後、さらに増えてくるだろうプロチームでの選手キャリアのない指導者を目指す人たちには特別な思いを感じますし、心から応援しています。そんな指導者に求められる資質とは何か。僕なりに考えてみます。

一つ目は、どのような組織・環境の中でも力を発揮できる能力を磨くこと。

一緒に働く監督、コーチらが何を解決したいのか、どんな痛みを感じているのかに寄り添って、先回りしてサポートする能力が必要だと思います。与えられた役職で力を発揮できる武器を磨く。そのためには、知識の引きだしは多いほうがいい。それがトレーニングできる力なのか、フィジカルの知識なのか、分析能力なのか、語学なのか。武器となり得るものはなるべく多く備えたほうがいいと思います。

メキシコ、ポルトガルでの活動を経て日本に帰国し、東京ヴェルディでJリーグクラブでの指導者人生をスタートさせた

二つ目は、信頼関係のつくり方。

はじめは皆、何者でもない。自分の意見を聞いてもらえる人間になるためには、信頼してもらえないと話は聞いてもらえない。声のボリュームが小さいときは、いくら正論を言っても届かない、聞いてもらえない。だったら聞いてもらえる人間になるために、自分の声のボリュームを知ること。そうすれば伝え方も変わる。努力と結果で信頼されるしかないということです。

3つ目は、魅力的なキャラクターであること。

自分の性格を知ること。そして、その活かし方を知ること。愛嬌ある、いいキャラクターをしている人は助けたくなる。さらに自分のバックボーンにストーリーがあるほうが面白いし、希少価値が上がる。ストーリーには失敗があってもいいし、失敗のあとにチャレンジしているか否かでその人の魅力は変わるといえます。

僕は、自分の人生を楽しくするためにチャレンジし続けています。自分の人生を自

人生の大きな決断のときに、「誰に学びたいのか？　誰と働きたいのか？」
という「人基準」で安田さんは進むべき道を選んできた

分で考えて選ぶ。面白そうと思えた道を選べばいい。自分が大事にしている想いを大切に、いまを生きる。いままで、本当にたくさんの素晴らしい本に出会い、素晴らしい人たちと話をさせていただいて、自分という人間がつくられてきました。そして、いままで話したことは、いろんな人に教えてもらったことを自分なりに咀嚼した（かみくだいた）言葉なのだと思います。

　今後、どのような人生を歩むかはわかりませんが、自分がそのときに大事にしている想いを基準に自分で選び、決断していくと思います。そして、置かれた場所で全力を尽くし、続けることが次につながると信じています。

　この本を読んでいる、人生の岐路に立つ皆さんに伝えます。

「自分の人生は自分で決める！　自分で考えて、導きだしたことがパワーになる」

　それが、人生を楽しむコツだと思います。応援しています。

Profile

安田好隆

やすだ・よしたか

1984年9月19日生まれ。高校生のときに将来は指導者になることを目指し、國學院久我山高校卒業と同時に母校のサッカー部のコーチとなる。横河武蔵野FCのコーチとして活動したのちメキシコに渡り、2011年にはポルトガルのポルト大学スポーツ学部大学院へ進学しトレーニング方法論を学ぶ。2014年に帰国し、東京ヴェルディ、柏レイソルU-18、アルビレックス新潟のコーチを務め、2017年に大分トリニータのコーチに就任。2021年からはヘッドコーチを務める。

Message 04

荻原雅斗さん

日本を飛びだし カンボジアで ソフトテニスの代表ヘッドコーチに

挑戦の基準は、
どうしてもやりたい、
ワクワクしたいと
強く思えるかどうかです

荻原さんは、高校、大学と日本を代表するソフトテニスの強豪校でキャプテンを務めました。そのキャリアを見れば、きっと安定した道を選べたでしょう。果たして、なぜにカンボジアだったのでしょうか!?　想像を絶するほどの苦難を幾度も経験した荻原さんが、ソフトテニスを通してその先に見つけたものとは──。

日本での試験をクリアし、気合いと希望と不安を胸に、いざカンボジアへ

私は大学までソフトテニスの選手として、競技に情熱をかけてとり組んできました。しかし、2012年、大学4年生のときに「卒業後はソフトテニスを辞めて、就職しよう」と決めていました。そして卒業後の進路の選択肢の一つとして、飲食店の運営と経営を行っている会社に就職し、カンボジアで日本食レストランの立ち上げを手伝うという可能性がありました。

当時、その会社は直営店の居酒屋を約85店舗経営していました。そして、2013年4月、社長から提示された条件をクリアし、カンボジア行きを勝ちとったのです。

しかし、その条件というものは、時間のない中、とにかく毎日、雨の日も風の日も昼から終電ギリギリまで東京・上野駅の前に立ち、道行く人に声をかけ続けるといった、俗に言う飲食店などが行う〝呼び込み〟というものでした。酔っ払いに絡まれたり、怒られたり、怖い思いもたくさんしました。

ソフトテニス部のキャプテンを中学・高校・大学とやってきたので、人前で話すことはできるのですが、知らない人に声をかけるという経験ははじめてのことでした。この経験は現在の私をつくってくれているものではありますが、もう二度とやりたくはない経験でもあります。

そして、非常に厳しいミッション＝試験をクリアした私は「やってやるぞ」という気合いと希望と不安を胸に、カンボジアの空港に降り立ちました。しかし、実はカンボジアでの本番は、日本での試験とは比べものにならないほど大変なものだったのでした……。

カンボジアのプノンペンに着き、日本料理店オープンへの準備をはじめたのが2013年5月3日のこと。私が店長を務める日本料理店の出店場所は、日本で言う原宿の表参道のようなところと聞いていました。しかし、実際には表参道とはだいぶ雰囲気が違い、ほこりが舞うメイン通りに面した廃墟のような建物で、古ぼけた建物の箱だけがあるだけだったのです。

1カ月の準備期間もない中、怒涛の日々がはじまりました。

カンボジアにやって来たオープニングスタッフは、私を含めて日本からの若者3人。現地のカンボジア人を雇う経済的余裕もなく、私たち3人は自転車3台を購入して、その自転車で走り回り、必要な物資を探すことになりました。

実際、カンボジアに行ってみると、自分の語学力のなさを痛感しました。当初は、本当に簡単な英語、例えば「この鍋はいくら?」ということさえ聞くことができませんでした。お恥ずかしい話ながら、ソフトテニスに全てをかけた人生で「英語をマスターする」ことの重要さなど頭の片隅にもなかったのです。

一方でカンボジア人は英語が得意です。

プノンペンにいる若者の多くは英語を話せます。教育水準も相当に高いと感じました。親も子どもに勉強させているのでしょうが、子どもたち自身も勉強熱心で、自分に対して投資をしている若者が多い印象を受けました。特に語学は、仕事に直結するのでみんな必死で勉強しているようです。

日本を飛びだしてカンボジアへやってきた当初は、想像を絶する苦難の連続だった。語学力のなさを痛感したのも、その一つだ

一般的なプノンペンの20代の若者は、朝、語学の勉強をして、日中はそれぞれの仕事をして働き、仕事終わりにまた語学の勉強をするといった感じです。近い将来には、カンボジアが経済的に急成長して日本に迫るときがくるかもしれません。

そして……なんとかなると思ってはなんとかならず。結果、カンボジア人が助けてくれたおかげで、英語も現地の言葉も覚えていった形でプノンペンでの日々を送ることができました。いまでこそ英語でのコミュニケーションに問題はありませんが、当時の語学への認識の甘さに関してはいまもなお反省しています。

語学を覚えて、コミュニケーションをうまくとれるようになるためには、覚えた言葉をアウトプットすることが大事だと思います。

現地で友人をつくることができれば一番良いのですが、一人で外食をしたり、買い物をしたり、日常生活のさまざまな場面で人と交流する機会がありますから、そこで積極的にコミュニケーションをとり、言葉をアウトプットしていくことが重要なんですよね。

実行→振り返り→反省→再実行 仕事でも競技でも同じだった

日本料理店のほうは、準備からオープンまで、全て自分たち3人で行いましたが、結果は大失敗。注文をとるのが遅れる、料理が遅れる、料理がだせない、お会計で人を待たせる、その結果、お店がまったく回らない。完全に人手不足でした。

3人では店の営業自体ができないという結論になり、社長に2〜3週間の時間とお金をもらい、そこから人材採用も含めたオペレーションを考えました。

その後、新しくスタッフを雇って再オープン。約10人を採用し、社員2〜3人、あとはアルバイトでしたが、新しく採用したカンボジア人のオープニングスタッフは非常に優秀で、新しいスタッフのおかげで店がうまく回るようになり、なんと最初の月から黒字を達成しました。

1カ月後、社長がカンボジアにやって来て、「さらにもう一店舗借りたんだけど、やりたいヤツはいるか？」と提案してきました。

私はとても興味があったので「やります！」と立候補。

しかし、メインストリートから離れた真っ暗なエリアで、街灯もなく、店には大回りして入らなければならないような立地でした。社長からは「1週間後にオープンしてくれ」とのリクエスト。

お店はお酒をだすバー形式だったので、昼間は日本料理レストランで働き、夜だけそこで働くといった日々を過ごしました。ただ、拳銃をズボンの後ろのポケットに入れている人が来店するなど、怖い思いをすることも。運良く（？）犯罪に巻き込まれるようなことはなかったので、本当に良かったです……。

大学を卒業して、怒涛《どとう》の社会人生活となりましたが、うまくいかなかったときにどうするかという考え方は、いまの仕事のベースにもなっています。日本での試験やカンボジアに来てからの経験で身に付いた、フィードバックしてやり直すといった手法は、ソフトテニスにとり組んでいたときにも自然と行っていたことで、実行→振り返り→反省（考察）→再実行という流れは、競技者として培ったものだったのです。

カンボジアに来てから着手した2店目となるバーの経営もうまくいき、2013年末には、私の手が離れても日本レストランのほうも回るようになりました。そのころには、「これからは飲食ではなく自分で起業したい、新たなチャレンジをしたい」という欲が芽生えてきていました。

そして、起業を目指して2014年3月で会社を退職。

2014年4月からは、フリーで、ウェブでのマーケティングリサーチに挑戦することになったのです。

意気揚々と起業していくはずだった2014年。しかし、その年は地獄のような日々を送った年でもありました……。言い換えると、カンボジアチャレンジの悪夢のスタートの年となったのです。

悪夢のスタートとなった２０１４年
人生が一変して大きな借金も……

3月に飲食店を辞めてから最初に挑戦したのがウェブ関係の仕事で、現地の生命保険、損害保険のリサーチでした。4月、5月と調査を行い、そのレポートを提出したものの、この2カ月間の働きに対しての報酬が支払われなかったのです……。

これが地獄の始まりでした。当時は、貯金が2、3万円しかなく、すぐにその貯金も底を尽き、その1カ月半後には、まったくお金がなくなってしまったのです。

「飢え死にするかもしれない」という危機に直面。

「カンボジアにこのままいるか」「片道の旅費の目途がつくうちに日本に帰るか」……いずれかを選ばざるを得ない状況になりました。考え抜いた末、私は日本でお金を貯めて、もう一度、出直そうと決意しました。

それが、その年の6月のことです。カンボジアに来てから約1年、結局、うまくいかずに帰国となりました。ちょうどそのころ、カンボジアのアンコールワット遺跡があるシェムリアップで飲食店を開きたいという人とたまたま出会い、意気投合。シェムリアップでの飲食店の構想をその人と一緒に練り、9月に一緒に現地へ行きましたが、さまざまな考え方の違いから揉めに揉めて、その人からは、これまでにかかった全てのお金の返金を求められたのです……。

理不尽な申し出に、「それはできない」と反論しましたが、その人は引き下がってくれず、怖くなった私はプノンペンにいる日本人の友人に助けを求め、立て替えてもらいました。働き口もない当時の私にとって、大きな借金を抱えることになってしまったのです。

日本に帰国したものの、いち早くカンボジアに戻りたかった一心で、相手の人となりやどういう事情があるのかなどを詳しく聞きも調べもせず、そして一番大事なお金の話をきちんとせず、素性を知らない人に付いて行ってしまった……私自身の浅はかな考えから失敗を招いた出来事でした。

シェムリアップからバスでプノンペンに戻ったとき、所持金は約20ドル。バス停で絶望した私は、スーツケース一個だけ持ってしばらくその場に立ち尽くしました。

コーヒー一杯に絶望する生活 3年近く屈辱の日々を送る

2014年4月ころ、約1カ月間住んでいた家の大家さんに、「いま、お金がありません。住む所もありません。そんな私を助けてほしい。ただで家に住まわしてもらえないだろうか?」と正直に話してお願いしたら、「いいよ、いいよ。いつでもおいで。今日からでもいいよ。いまからおいで」と言っていただきました。人の優しさが身に染み、それと同時に暗闇の中に一筋の光を見た瞬間でもありました。

しかし、この苦しい状況は2017年ぐらいまで続くことになります……。とにかく目先のお金がないので、就職活動をしました。2014年9月、運良く現地の人材紹介会社に正社員として就職することができたのですが、またも私の悪い面が出てしまい……給料の話をせずに働きはじめてしまったのです。

会社に入って最初の給料日に気が付いたのですが、給料が異常に安かったのです。具体的には、私の給料だけがみんなよりも安く、現地のカンボジア人のスタッフよりも安いようでした。

これは間違っているのではないかと思い、社長に給料のことを聞くと、社長から「キミにはみんなと同じ給料を払う価値はないよ」と、きっぱりと言われました。私のそのときの給料は約3万円。社長の言葉ではじめて自分自身の価値というものに気付かされました。

そのときに、ようやく語学スキルの大切さに気付いて、クメール語も英語も本気で勉強するようになり、現地の言葉は、会社のスタッフのカンボジア人の若いスタッフに時間の空いたときに教えてもらいました。


当時のカンボジアで1カ月暮らしていくために必要な費用は、約5万円。飲食店のときの給料も同じく約5万円でしたが、家も食事も付いていたので、余裕がありました。しかしいまは、家は確保できたものの、食事は自分でなんとかしなければなりません。ちなみに現在では、物価が上がっており、1カ月で約10万円の生活費は必要のようです。

お金のなかった私は、毎朝、練乳の入った甘いコーヒーを買って、それで1日を過ごしていました。毎日5時に起きて、英語、クメール語の勉強をして、家の前にあるコーヒー屋でコーヒーを買って、会社まで2〜3キロの距離を自転車で通いました。ある日、そのコーヒーを会社へ行く途中で落としてしまい、「今日の食事がなくなった……」と絶望。「なぜ、こんなことで苦しんでいるのか」と本当に悲しくなりました。

カンボジアの通貨の単位はリエルで、1000リエルが約25円になります。当時、プノンペンでは大きな水パックが25円（1000リエル）で買えました。しかしある日突然、1100リエル＝27円に値上がりしたのです。私は値上がりしたこの2円が払えないという状況にまでなっていました……。

お金が足りなくて、支払いができなかったり、買い物ができなかったりで、情けなくて家で一人泣いたこともあります。それも、一度や二度ではなく何度もです。

それでも、この屈辱的な状況を耐えることができたのは、「カンボジアで、まだ何

! OnePoint Study!

カンボジアで流通している通貨「リエル」
2021年には新たな紙幣の発行も決定

荻原さんは本文中で、カンボジアでの現地通貨である「リエル」のお話をされていますが、カンボジアではアメリカなどで使われているUSドルも使用されています。日本とは違って、二種類の通貨が使えるということですね。また、リエルは硬貨がほとんど流通しておらず、18種類もの紙幣が使われているとのこと。2021年10月には、1991年に締結されたパリ和平協定などを記念して、新たに3万リエル札の発行と流通が決まりました。ただし、リエルは日本では両替できないそうです。国によってさまざまな通貨が流通しているのですね。

も達成していないのに日本には戻れない」という、その思いだけはあったからでした。

そのような日々を過ごしていたころ、東南アジアの若者を応援するサイト「週刊アブローダーズ」という媒体の取材を受けました。記者に私自身の経歴を赤裸々に話し、「できればこういうことがしたい」という、私の目標、夢を伝えました。その「週刊アブローダーズ」の記事が掲載されたのが、年明け2015年1月はじめ。そして、なんとその記事がSNS上で注目を集めることになったのです。

フェイスブックで100件近くのシェアがあり、「私も荻原さんのような生き方をしたい」というメッセージも多数いただきました。そのとき、こう思いました。

「一歩踏みだしたい若者に対して、その先の道筋を示してあげること、それが仕事になるのではないか」

人材紹介会社は2015年1月途中で辞め、新しい道を歩むことを決めました。

取材を受けた記事がきっかけで、カンボジアでソフトテニスを広めるという新たな道が開けていった

記事をきっかけに、風向きが変わる
最終的にソフトテニスに助けられる

2015年2月には、「週刊アブローダーズ」の記事がきっかけで、カンボジアで硬式テニスをやっている日本の方との新しい出会いがありました。その方が、「実は、カンボジアでテニスをもっと普及したい」とおっしゃるのです。

私がソフトテニスをやっていたことを話し、「何かお手伝いできるかもしれない」と言うと、「僕がお金をだすから、一緒にテニスコートを造ろう」ということになりました。そこからトントン拍子で計画は進み、プノンペンから車で3時間ぐらいの地方にテニスコートを造りました。着工は2015年3月、完成したのは5月。あっという間のことでした。

そこから私は、現地に来る日本の中小企業向けの支援も行うようになりました。

2017年10月に私の出身地である岐阜県の海外展開アドバイザーに就任し、現在は岐阜県県庁内にある岐阜県産業経済振興センターの海外展開アドバイザーのカンボジア窓口になっていますが、そのベースができたのがこの2015年のころでした。

もし「週刊アブローダーズ」からの取材を受けていなかったら、会社を辞めていなかったと思いますし、安い賃金でも働かざるを得なかった。そして、ソフトテニスをやっていたと周りに言うこともなかったでしょう。それが急展開！　人生は何かをきっかけにある日、ガラッと変わることがあるということを思い知りました。ソフトテニスから離れたいと思ってカンボジアに行ったはずなのに、まさかソフトテニスに助けられることになるとは想像もしていませんでした。

カンボジアでのチャレンジは少しずつうまく回りはじめましたが、まだ危なっかしいものでした。2015年には、デング熱にかかるという不運にも見舞われました。海外旅行保険に加入してなかったので、入院した場合は大金が必要になります。しかし、知り合いの医者の治療により、なんとか入院せずに治すことができました。これは、本当にラッキーだったと思います。

私は、考えて計画を立ててから動くというよりは、先に一歩踏みだしてしまうタイプです。だから、人よりも多く失敗もします。

しかし、いつも周りが助けてくれます。

いま考えると、日本でのソフトテニスの競技生活時代も周りの方々にサポートしてもらってきました。さまざまな経験をし、これまでたくさんの方々に助けられてきた分、困っている人を助けたいという思いが、いまの私にはあります。

のちにカンボジア代表を率いることになる荻原さん(中央)。人生は何かをきっかけに大きく変化する、と身をもって経験した

世界大会でのメダル獲得でカンボジア中が一気に大騒ぎ

私が関わったカンボジアでのテニスコート建設の反響は思ったよりも大きく、メディアに取り上げられるようになりました。あるとき、それがカンボジアのオリンピック委員会の方の目にとまり、オリンピック委員会事務局長にお会いしました。その流れでカンボジアソフトテニス連盟を訪問し、会長、選手からも、「ぜひコーチを引き受けてほしい」と依頼を受けました。

２０１５年６月、自分のこれまでの経験を伝えてカンボジアのソフトテニス界の役に立ち、カンボジアに恩返ししたいという思いから、代表コーチを引き受けることを決意しました。

２０１５年９月には、日本ソフトテニス連盟の支援で、カンボジア代表チームの選手６人、監督、私の全８人の旅費と宿泊費をだしてもらい、11月のインドでの世界選手権に参加することができました。

! OnePoint Study!

ソフトテニスは日本発祥のスポーツ 愛好者数は硬式テニスをはるかに上回る！

ソフトテニスと硬式テニスとの違いを知っていますか？　フェルトで覆われた硬式テニスのボールに対して、ソフトテニスはゴム製であることに加えて、ネットの高さやラケット、カウントのコールの仕方の違いなどあります。ちなみにソフトテニスは、日本発祥です。1878年に日本に硬式テニスが伝来したといわれるが、当時はボールが高価で入手が困難なため、代用としてゴムボールを使用したのが原点です。日本では、硬式テニスの愛好者が約450万人と言われるのに対して、ソフトテニスの愛好者は約700万人とも言われています。

代表チームの世界選手権への出場は、特にカンボジア政府に驚きをもって迎えられました。しかし、世界選手権の結果は惨敗。世界を知らない選手たちが、自分たちがいかに弱いかを知った大会となりました。この惨敗をきっかけに、彼らのソフトテニスへのとり組み方が一気に変わった気がします。

当初、カンボジア代表チームの選手たちは、ソフトテニスと硬式テニスの違いをまったく知らず、ボールが違うぐらいだろうという認識しかありませんでした。

例えば、硬式テニスだとプレーヤーがネット前に張り付いてプレーすることはありませんが、ソフトテニスのネットプレーヤーは基本的にネット前にポジションをとります。その戦術を、私が教えても練習では理解されず、世界選手権の舞台で「雅斗が言っていたのはこういうことだったのか」と、ようやく理解されたのです。

世界大会出場という経験は、カンボジア代表チームの選手たちにとって「このまま（雅斗のコーチングを受けて）頑張れば世界と戦えるようになるかもしれない」と思えるきっかけとなりました。

硬式テニスの陰でなかなか日の目を見ないソフトテニスは、世界選手権に出場したことで以後、国からの支援でさまざまな大会に出場できるようになりました。基本的に、ソフトテニスの世界大会は、エントリーができて参加するまでの旅費がカバーできればどの国でも出場できるので、自国からの支援があれば参加は可能です。そして、そこからカンボジアでのソフトテニスの動きが一気に加速していくのでした。

2016年4月には、マレーシアで開催された第1回東南アジアチャンピオンシップに出場し、なんとその大会で銀メダルを獲得したことにより、カンボジア中が大騒ぎになったのです。同大会でのメダル獲得。その結果、ソフトテニス熱がカンボジア中で大いに盛り上がっていきます。

帰国時、プノンペン空港にはテレビ局が6〜7局、我々を待ち構えていました。私は、取材のことは何も聞いてなかったので、そんなこととはつゆ知らず、髪の毛も整えずにホテルを出て、クアラルンプール国際空港へ向かいました。

そしてプノンペン空港に到着すると、カメラが待ち構えていて、マイクを向けられてすぐにもみくちゃにされました。空港には政府の方々も来られていて、急きょお祝いが行われ、首飾りなどもかけてもらったり……。空港はメディアと人であふれ返り、いきなり凱旋帰国のようになってしまったのです。

東南アジア大会での銀メダル獲得は、ニュースにもなり、私は連日のようにインタビューを受け、テレビにも出演しました。そして私自身、もっと自分からも発信していかなければいけないと再認識した出来事でもありました。

2015年、カンボジアで頑張っている猫原という日本人がいるということが、世間に少しずつ認知されるようになってきました。

カンボジア代表チームの活躍により、ソフトテニスの注目度は大きく高まった。子どもたちへの指導が積極的にスタートしたのもこのころだ

世界初「ソフトテニスコート」が完成
競技人口も増え、人気スポーツに

2016年、2017年と、国のサポートによって国際大会に続けて出場することができ、メダルもいくつか獲得することができました。国際大会でメダルをとったことで、カンボジア国内での注目度、期待度は硬式テニスよりもソフトテニスのほうが格段に上がりました。

その証拠として、2017年にはカンボジアにソフトテニス専用コートが完成しました。いままでソフトテニスという言葉すらなかったカンボジアに、「ソフトテニスコート」という名前のテニスコートが国の出資により完成したのです。

いままであった代表的なテニスコートは、カンボジア国立競技場内のテニスコートです。このテニスコートは1970年代のカンボジア内戦時代からあります。この歴史あるテニスコートを取り壊して、アメリカンスタンダードなハードコート4面とクラブハウスを造りました。ソフトテニスコートは、インドアのハードコート4面で、我々代表チーム専用ということです。

これは、ソフトテニス界にとっては歴史的なことで、カンボジアのソフトテニスの発展に大きく貢献する出来事でした。世界的に見ても、「ソフトテニスコート」という名前のテニスコートはありません。ソフトテニスは、日本の国民体育大会にあたるナショナルゲームの正式種目としても採用されました。

カンボジア政府が、ここまでソフトテニスに肩入れすることになったのは、やはり、2016年4月の東南アジア大会の成果をメディアが大々的に取り上げたことが大きいと思います。カンボジアは途上国なので、みんなどこか自国に劣等感を抱いています。だから、メダルが国民に与える勇気は、日本では考えられないほど大きいものがあったのです。

サッカーやバドミントンなどのメジャースポーツでカンボジアがメダルをとるのは、いますぐはやはり無理でしょう。しかし、ソフトテニスだったらいけるかもしれないと思わせるところもポイントです。国全体が、そう考えはじめ、政府も力を入れるようになりました。

そして、まずはハード面を整備していこうということになり、約3000万円を使って、我々がいつでも好きなときに使える「ソフトテニスコート」を造ったのです。いまは、メディアで取り上げられるのも圧倒的にソフトテニスは多くなり、それに伴い、ソフトテニス人口も増えました。まだ人気スポーツと言えるほどの認知度は獲得できていませんが、少しずつ競技者は増えてきたという状況です。

2016年11月には千葉県でアジアソフトテニス選手権が開催され、我々カンボジアチームも参加しました。

そしてこの大会が、私にとって生涯忘れられない大会になりました。それは、クラウドファンディングに本気になってとり組むきっかけになった大会でもあるからです。スポーツをやるためには先立つ物が必要であり、それを無視して活動はできないということです。

カンボジア代表チームは敗者（コンソレーション）トーナメントに出場し、最終的に決勝進出して銀メダルを獲得したのですが、勝利の喜びよりも1回戦でわざと負けるという選択をしなければならない苦しさを伴うものでした。

! OnePoint Study!

最近よく聞くクラウドファンディング 夢を叶えるための資金を集める人気の手段

「クラウドファンディング」という言葉、最近よく聞きますよね？　皆さんは、どういうものなのか知っていますか？　英語の群衆（crowd）と資金調達（funding）という言葉を組み合わせた造語で、不特定多数の人々が、何かプロジェクトを行いたいという目標を持つ人々や組織に、インターネットなどを通じて資金の協力を行うことを意味します。日本では2011年に初のクラウドファンディングサイトが立ち上がり、現在では複数のサービスが開設されています。SNSの普及で個人の夢やプロジェクトの発信や告知が容易になり、それと共に発展してきたサービスなのですね。

発展途上国でのスポーツ振興はきれい事ではできない

コンソレーショントーナメントとは、1回戦で敗れたチームが参加できるトーナメントです。通常のトーナメントの1回戦では、カンボジアは格下のパキスタンとの対戦でした。1回戦を勝つと、2回戦で強豪の日本と当たります。しかし、日本との対戦でカンボジアが勝つのは困難です。

こういう状況下でカンボジア代表チームの監督は、1回戦をわざと負けるという選択をしました。コーチとして帯同していた私は、それに抵抗しましたが、下位で終わるよりコンソレーショントーナメントで上位の結果を残すほうが、今後、国の予算が付きやすく、活動がしやすくなる。そんな途上国スポーツの現状を諭されました。

カンボジアスポーツ界の現実を知っている私としては、最後まで「ノー」と強く抵抗することができず、泣く泣く受け入れざるを得ませんでした。試合は、私の両親や家族、友人、知人も見に来てくれていました。そんな中で、わざと負けなければならなかったのは身を切る思いで、非常に辛いものでした。

格下の相手に負けるわけですから、試合はひどいものになりました。日本人コーチが指導しているということで、カンボジアチームのパフォーマンスを楽しみに見に来てくれた観客も試合途中で帰る人が次々と出はじめ、後方の観客席から聞こえた、「下手くそだなあ……」という、呆れたような声は一生忘れることはできないでしょう。私は、しばらくの間、ショックで立ち直れませんでした。

しかし、1回戦でわざと負けた結果、コンソレーショントーナメントで勝ち上がり2位までいくことができたことに、カンボジアチームの監督は満足の様子でした。発展途上国のスポーツ界で生きていくためには、きれい事だけでは済まされないことを、身をもって知りました。

何よりお金がなければ、スポーツを続けていくことはできないのです。なかなか立ち直れなかった私ですが、何かが吹っ切れた出来事でもありました。いいも悪いも、カンボジアのソフトテニス界に貢献していこうという覚悟ができた大会だった気がします。

チャレンジも失敗も若者の特権 〝超ポジティブマインド〟で

これから海外留学、海外就職、海外転職など、海外でのチャレンジを目指そうと考えている方々へ、私自身の経験を踏まえるとすれば、次のようなことが言えるのではないかと思います。

私の場合、大学卒業まで全身全霊をかけてソフトテニスにとり組み、「日本一」のタイトルも手にすることのできた人生でもありました。それが、卒業していきなり海外就職をし、結果、多数の失敗を積み重ねるという経験をしました。

でも、いま思うとそれは間違いではなく、正解だったのではないかと思います。

語学も含め、日本にいる間にしっかり準備して挑戦すれば失敗することもありませんが、それでは準備に何年もかかってしまうでしょう。時間が経てば経つほど、挑戦のチャンスは狭まっていってしまいます。

しっかり準備することが必要なこともありますが、走りながらいろいろなものを調達していく形のほうが、私自身には合っていましたし、そのほうがチャンス、可能性は広がっていくのではないかと思います。

ただ一つ、そこで必要なのが、困ったときに人に「助けて」と言えることです。困っている人が助けを求めている状況を見れば、助けようと思うのが人情でしょう。助けられた人は、今度は自分が助ける側になりたいと思います。そういう人とのつながりは非常に大事なことですよね。


ただし、年齢のことは考える必要があります。なんでも揃う日本を飛びだし、1円に泣く経験、ご飯が食べられない経験も、若いうちならばなんとか耐えられます。若いときの経験ならば、それが自身の血となり肉となってくれるでしょう。若いうちにどんどんチャレンジして、失敗して嫌な思いもたくさんしていけばいいと思います。自分のプライドを捨ててチャレンジし、人と出会い、さまざまなことを体験することは若者の特権です。大抵のことは許されます。

若いうちならば、無謀と思われる挑戦に対し、「あいつ、何しているんだ」と非難されながらも、世間は「若いときの苦労はいいことだ」と大目に見てくれるはず。しかし、ある程度の年齢になってからの無謀な挑戦は洒落にならないこともあります。人間性自体を疑われるかもしれません。

私の場合は、無謀というよりも命に関わる危機的状況に陥った海外チャレンジでした……。しかし、不思議と「これは本当にヤバイ。本当に終わった!」と思うことはありませんでした。最低、最悪の状況になる前に、誰かが手を差し伸べてくれたからです。そういう意味では、私は運が良かったと思います。

そして、私がなぜ運が良かったかを自己分析してみると、常に相手へのリスペクトを持っていたからだと思います。相手へのリスペクトがあり、相手を大事にすれば、いざというときに助けてくれるんです。世の中、捨てたものではない。私には、そう感じる出来事がいくつもありました。そして私自身、相手をリスペクトする気持ちは、ソフトテニスで培ったものでした。そのリスペクトをする気持ちは、語学を習得する際にも大切であり、相手を敬《うやま》う表現を覚え、積極的に使おうとしました。それが、相

困ったときに「助けて」と素直に言う。簡単に見えて難しい。荻原さんのチャレンジには、いつも人と人とのつながりがあった

手とのコミュニケーションをより活性化させてくれたのです。

そして最終的には、何があっても死なないことが大事だと思います。命さえあればなんとかなります。私が一般的に見て〝危ない橋〟を渡ってチャレンジできたのも、こういう超ポジティブマインドがあったからかもしれません。

そして、超ポジティブマインドを持つためには、お金を軸に考えて行動しないほうがいいですね。特に若いときはそうです。お金を軸に考えると、往々にして貴重な素晴らしい体験を逃してしまいます。最優先順位をお金にするのではなく、自分がやりたいこと、自分がワクワクすることを軸にして挑戦していくべきだと思います。

Profile

荻原雅斗

おぎわら・まさと

1990年7月1日生まれ。東北高校、中京大学でソフトテニスをプレーし、3度の日本一を経験。卒業後は、友人の誘いを受けてカンボジアで飲食店を運営する会社に就職。とあるきっかけからテニスコートのオープンに携わり、学生時代の経験を生かして子どもたちへのテニスの指導を開始した。その姿がカンボジアソフトテニス連盟の目にとまり、カンボジア代表チームのヘッドコーチに就任。現在は、エースマネジメントの代表としてさまざまなプロジェクトに携わるほか、YouTuber「まさとMASATO」としてソフトテニスのコンテンツも発信している。

動画で CHECK!!

カンボジアで荻原さんはどのようにソフトテニスを根付かせていったのでしょうか。その様子を、動画で確認してみよう!

Message 05 佐藤 晃一さん

日本を飛びだし アメリカで アスレティックトレーナーに

やってみることは、
自分が知り得なかった
自分のポテンシャルや
自分の「やりたい」に
接するチャンスです

「アスレティックトレーナーになる」と宣言してアメリカに向かった佐藤さんは、「やりたい」という気持ちを常に大切にしながら新たなことに挑み、自身の価値を高め続けてきました。日本では経験できない学びを日々、習得し続けたその歩みには、皆さんのチャレンジを後押ししてくれるヒントが必ずあるはずです。

管弦楽合奏団、バレー、バンド、アメフト……やりたいことに打ち込んだ少年時代

私は幼いころから「やりたい」と思うことをやってきました。やりたいことをやらせてもらえる環境にいたとも言えるでしょう。小学校のときは管弦楽合奏団、中学でバレーボール。高校ではブラスバンドとバンド活動に夢中になり、大学でアメリカンフットボール（以下、アメフト）をはじめて、トレーニングの道に進んでいきます。

この一見、なんの脈絡もない寄り道だらけの日々があったからこそ、いまの自分があり、日本バスケットボール協会（以下、ＪＢＡ）でトレーニングやリハビリなどを総括する「スポーツパフォーマンス部会」の部会長の仕事に辿り着きました。

やりたいことをやってきたと書きましたが、小学校で「なぜ合奏団に入ったのか」は、はっきり覚えていないです。友だちと一緒に入った、音楽の先生が母の親戚だった、姉が合唱団にいた影響だったかもしれません。ただ、中学ではスポーツをやりたいと思い、体験入部期間中に見た、体育館の隅でバレー部の先輩たちが練習前に、グ

ルグル回した紐についたボールをジャンプしている姿が楽しそうだったことは覚えています。当初は野球部も考えていたのですが、部員数が多く経験者もいるので、これは入っても3年間、球拾いだぞと。バレーならみんなが初心者なので、いつか試合に出るチャンスがあると思ったかもしれません。あのころ、このことわざを知っていたか定かではないですが、いま思うと、それ以降の進路を決める原則になる、「鶏口《けいこう》となるも牛後《ぎゅうご》となるなかれ」のはじまりかもしれません。

「やりたい」に関連して失敗を気にしないという、私のメンタリティーの基礎になっている小学校3年生のときのエピソードがあります。それは、夏休みの町内会対抗ソフトボール大会当日にキャッチャーをやっていた友だちが試合当日に来なかったときのこと。運動神経のあまり良くない私がその役を買って出たのです。監督が「どうしようか?」と私たち子どもに相談したとき、私は「ボクがやります!」と手を挙げたそうです。私は「ボクがやってもいいけど……」という程度で「やります!」というほどの勢いではなかったと記憶しているのですが、やると言ったのは確かです。とにかくボールを後ろにそらさずに、盗塁されてもOKみたいな感じでしたが、大会では3位になりました。それ以降、監督さんが私の両親と話すたびに「晃一くんがあのとき『ボクがやります！』って言ってくれたんだよね」と話してくれるそうです。なぜそのとき自ら手を挙げたのかはいまだにわからないのですが、失敗を気にせず、一歩を踏みだすというメンタリティーはそのころからあったのかもしれません。

バレー部では3年生のときにキャプテンになったのですが、高校では続けませんでした。身長と実力を考えると先が見えていましたし、なんと言っても、日曜日の早朝に放送されていた番組『アニメ・ザ・ビートルズ』でビートルズにハマった私は、ブラバンに入ってドラムをやりたくなっていた。正確に言うと、ドラムを教わるのに一番手っとり早い方法は、ブラバンに入るということだったのです。

ブラバンでは、基礎練習ばかりですぐにドラムはやらせてもらえなかったのですが、教わりはじめてすぐにバンドを組みました。私が通っていたのは男子校だったので、ボーカルは女子校の友人にお願いして、REBECCA（レベッカ）のコピーバンド

やりたいことに打ち込んできた学生時代。大学では、アメフトに全力を注いだ

に。当時、BOØWY（ボウイ）やTHE BLUE HEARTS（ブルーハーツ）、BARBEE BOYS（バービーボーイズ）などバンドブームのころでした。受験が近付きバンドは解散しましたが、受験が終わったあともバンドを組んで、いまでもたま～にドラムを叩きます。

ブラバンとバンドに明け暮れた高校時代でしたが、実はアメフトもやりたかったんです。しかし、私の暮らす福島県にはアメフト部のある高校がありませんでした。アメフトとの出合いは、中学校のときに立ち寄った電気屋さんのテレビに流れていた、「ボウルゲーム」と呼ばれるアメリカのカレッジフットボールの試合。「なんだ、この面白そうなスポーツは」と衝撃を受けました。幼いころ、友だちの家にアメフトのヘルメットが置いてあったことがフラッシュバックしてきて、やりたいと思いました。

当時は地上波放送のみで、インターネットなんてありません。さらに、地方では深夜に放送されていたアメフトの試合は見られませんでした。NFL（ナショナル・フットボール・リーグ／アメリカのプロアメリカンフットボールリーグ）のチャンピオンを決める「スーパーボウル」でさえ、録画編集放送だったんです。中学3年生のと

! OnePoint Study!

「鶏口となるも牛後となるなかれ」英語だと牛がライオンになる！

佐藤さんは、進路を決める原則にとして「鶏口となるも牛後となるなかれ」ということわざを引用していました。類義語には「鯛の尾より鰯の頭」や「大鳥の尾より小鳥の頭」、対義語の一つには「犬になるなら大家の犬になれ」ということわざがあり、「誰かに仕えるのであれば同じ仕えるでも大物のほうが良い」といった意味を持ちます。安定した選択をするときのたとえとして使われます。ちなみに、「鶏口となるも牛後となるなかれ」は英語で「Better be the head of a dog than the tail of a lion.」であり、牛ではなくライオンなのは面白いところです。

き、その「スーパーボウル」で優勝したシカゴ・ベアーズが圧倒的に強くてファンになりました。早速アメフト専門誌『タッチダウン』を買って読み込み、たまに放送される試合を録画して擦り切れるくらい見ていました。このシカゴ・ベアーズと、その後も定期購読した『タッチダウン』が、のちの私の人生に大きく関わっていきます。

「アスレティックトレーナーになりたい」確固たる理由ができたいまこそアメリカへ！

小学校のころから将来の夢は宇宙飛行士だったので、大学は理系の学部を目指すべく、高校2年生で理系コースを選びました。しかし、数学と物理・化学がまったくダメで、理系コースにいながら文系大学を目指すという〝隠れ文系〟になりました。微分積分のテストで0点だったこともあります……。

大学選びをしているころ、「国際政治学者」という肩書きの人がメディアに出るようになり、国際学部を新設する大学がいくつかありました。その中から、当時アメフト部が3部リーグに所属していた東京国際大学を選びました。

チームには失礼ですが、高校でブラバンをやっていた人が1、2部の強いチームに入っても敵いません。ここでも「鶏口となるも牛後となるなかれ」の考え方です。念願のアメフト部に入ったわけですが、いくら3部とはいえ、バンド上がりの私の身体では……、いま思えば3年生くらいまではスポーツ選手の身体ではなかったですね。

3年生後半になると、就職がちらつきはじめます。そのころは冷戦が終わり、ソ連や東欧諸国が変わっている時期でもあり、「ソ連・東欧事情」を専攻していました。

しかし、これで就職するという考えはなかったですし、そもそも自分が机に向かって仕事をしているイメージができませんでした。当時、アメフトを通じて筋トレや身体のケアの情報に興味を持っていた私は、『タッチダウン』に掲載されていた、日本で最初にアメリカのアスレティックトレーナー資格であるBOC－ATC（米国アスレティックトレーナー資格認定委員会公認アスレティックトレーナー）を取得した鹿倉二郎さんの記事を読み、「アスレティックトレーナーになりたい！」と漠然と思ったんです。

さっそく、私は鹿倉さんに電話をして会いに行くと、鹿倉さんは、アメリカでBOC－ATC資格試験の受験準備ができるカリキュラムがある大学のリストを用意してくださっていました。当時の通信手段は電話、手紙、ファックスで、情報収集は主に新聞や雑誌。資格を取得するなら本場アメリカでということで、渡米の計画を立てはじめます。まずは、どこの大学に行くか。頭に浮かんできたのはシカゴ・ベアーズです。本拠地シカゴのあるイリノイ州の大学にしようと考えました。

私はすでに大学卒業が見込まれていたので、アメリカの大学院に入る方法もありました。ただし、まったく異なる分野を学んでいたので、大学院で突然、専門分野を学んでも追い付けそうにありません。そこで大学のカリキュラムを選びました。

鹿倉さんからいただいたリストは、大学が州ごとに分けられていて、イリノイ州は5、6つの大学が記載してありました。ベアーズの本拠地であるシカゴは大都市なので物価が高く、学費も高い。規模の大きいメジャーカレッジに行くと、スタッフが充実している上、学生数も多く、スポーツも強い。そうなると、アスレティックトレーナーとしての実習の機会が制限されるのではないか。ならば、同じイリノイ州でも都市から離れた地方の大学に行けば、学生数も少ない上、学費や生活費も抑えられる。そういう理由でシカゴから車で南に3時間くらいのチャールストンにあるイースタンイリノイ大学（EIU）を選びました。そうです、ここでも「鶏口となるも牛後となるなかれ」の考え方で、トウモロコシ畑に囲まれた田舎町を選んだのです。

いまならインターネットで大学情報を細かく調べられますが、あのころは『留学ジャーナル』という雑誌に掲載されている1枚の建物の写真と100文字くらいの説明しかありません。さっそく、リストにある住所に資料請求の手紙を書きました。

渡米の意思を伝えるために、鹿倉さんに会った日に両親に電話をしました。大学をもうすぐ卒業しようかという息子にいきなり「アスレティックトレーナーになるためにアメリカに留学したい」と言われて、どう思うか。しかし、心配をよそに両親は快諾してくれました。そして、費用も用意してくれたのです。本当に感謝です。ただ、学費をだしてもらったのは最初の夏学期だけで、あとは卒業まで留学生対象の返納不要の奨学金を得ることができたので、両親には生活費だけお世話になりました。

余談ですが、親は快諾してくれましたが、大学の就職ガイダンスではちょっと違った反応でした。「アメリカに行ってアスレティックトレーナーを目指します」と言ったら、就職課の方に「訳のわからないことを言っていないで、就職しなさい」と言われたんです。その方の言いたいこともわかります。日本では何かの資格をとったら、その資格で生きていかなければいけないといった風潮があります。

でも私自身はそれをやりたかったし、もしそれだけで食べていけないのであれば、ほかの仕事をしながら、週末に子どもたちのクラブなどでアスレティックトレーナーのお手伝いをしてもいい。「アスレティックトレーナーとして食べていかなければいけない」というプレッシャーはありませんでした。ただ、資格は必ず取得して帰ってこようとは思っていましたね。

こうして私はアメリカ行きに辿り着いたのですが、実はアメリカ志向は小さいころからありました。宇宙飛行士の夢は、読書が苦手な私が小学校でよく読んでいたNASA（アメリカ航空宇宙局）のアポロ計画の本から芽生えました。また、戦車や戦闘機のプラモデルづくりにはじまり、映画やドラマ、書籍などを通じてアメリカ軍、特殊部隊などに興味があった私は、軍隊に憧れていた時期がありました。高校時代だったと思いますが、アメリカの陸軍に「どうしたら入隊できますか？」と手紙を送り、「入隊はできるけど、士官にはなれません」という返信をもらったこともあります。

そんなころ、母方の親戚で、アメリカで生活をしたことのある高校の英語の先生に会いました。さすがに両親はブレーキをかけようと思ったのでしょう。親類のおじさんに「晃一くんはなんでアメリカに行きたいの？」と聞かれました。私がうまく答えられずにいると「確固たる理由がないんだったら、ふらふらアメリカに行かないほうがいいよ」と諭されたことがありました。しかし、今回のアスレティックトレーナーを目指してアメリカに行くという決心は、地に足がついた確固たるものだったのです。

いまでも忘れられない父からの言葉「日本のことをちゃんと知っていないとダメだぞ」

1993年3月、私は大学を卒業し、渡米まで家業を手伝いながら留学の準備をはじめます。そして同年10月には私はアメリカに渡りました。姉の影響で高校のときに英会話教室に通っていたため、生活するくらいの英語はできたんです。とはいえ、大学に入るために必要な英語のテストであるTOEFL（トーフル）の点数が十分でなかった上、大学で授業に付いていくほどの英語力もなかったため、渡米後、まずは英語学校に通うことにしました。

英語学校選びは、できるだけ日本人が少なそうな場所ということで、イリノイ州に近いミネソタ州セントポールの英語学校に行くことに。そこにも日本人は結構いましたが、さまざまな国から留学生が来ていたため、非常に良い環境だったと思います。

渡米が決まったとき、父に言われていまでも忘れられない言葉があります。

「日本のことを、ちゃんと知っていないとダメだぞ」

この言葉が示すことを、早速、英語学校で思い知らされます。アメリカに限らず我々日本人が海外に行くと、現地の人たちからすれば、我々日本人は「日本のことをよく知っている人」と捉えられます。

しかし、日本人だから日本のことをよく知っているとは限らない。その通りです。ただ、他国、ほかの文化圏の人と会話をすれば、自然と話題はお互いの国や文化につ

渡米後、まずは英会話学校に入学。さまざまな国からやってきた人や文化に触れ、「日本を知っている」ことの大切さを感じた

いての話になります。例えば宗教について。「あなたの宗教はなんですか？」と聞かれ、どのように答えますか？　毎週教会に行くような習慣はないですが、冠婚葬祭や季節の慣習は宗教に基づいて行われますよね。また、日本には廃仏毀釈《はいぶつきしゃく》やキリスト教禁止令のような歴史もあります。

英語学校ではＳＤＧｓ（Sustainable Development Goals／持続可能な開発目標）に代表される環境問題や人権問題、政治や経済に至るまで、さまざまな世界共通のトピックについてディスカッションが行われます。これらのトピックは世界共通の課題なので、話題にしやすいのです。さまざまな国の、さまざまな背景を持った学生が集まるので、彼ら・彼女らは「自分の国ではこう考えられていて、それに対して自分はこう思っている」ということを、多少の文法や発音のミスがあっても堂々と発言します。一方、こういう場面で日本人は圧倒されがちです。

日本人はよく「外国語で読み書きはできるが、話すのは下手。だから話さない」と言われますが、話すのが下手で話せないのではなく、実は意見や主張のような表現するモノを持っていないから話せるようにならないのだと思います。

言語は意見や主張を伝える手段なので、意見や主張、そしてこれらを伝えようという意思がなければ、言語を使う必要がありません。

例えば「地球温暖化」がテーマなら、それに関する情報、意見や主張がなければ、英語を使う機会すらできません。使う機会がなければ上手になるわけがないのです。日本人はシャイで外国語を話す勇気がないなどとも言われますが、それだけではなく、テーマについての意見や主張を持っているかどうかが問題なのだと思います。

物知りの母に育てられ、父の助言に従って、素直に日本について英語と日本語で書いてある本を読んだ私はラッキーでした。いま、私はバスケットボールの日本代表チームで仕事をしていますが、スポーツの代表選手ではなくても、日本人はほかの国や文化圏の人と接するときは立派な日本代表です。

父の言葉は、「確固たる理由がないんだったら、ふらふらアメリカに行かないほうがいいよ」という言葉と併せて、私が留学を考えている人たちによく伝えることです。

4カ月で英語学校のカリキュラムを修了し、3カ月ほど帰国して、1994年5月に再渡米。イースタンイリノイ大学の夏学期から授業をとりはじめました。

メジャーカレッジではなかったからこそ得ることができた数々の経験

EIU卒業には3年間かかりました。日本の大学を卒業していたので、「コミュニケーション」と「アメリカ憲法と政府」以外の一般教養の授業はとらなくて良かったのですが、カリキュラム修了には春と秋で、計6セメスター〈(春学期+秋学期)×3年〉が必要だったからです。

夏学期から授業を受けはじめ、秋学期にカリキュラムに入るためのイントロダクションの授業を履修しました。この授業はアスレティックトレーナーになるための基礎の座学と現場実習です。現場実習ではスタッフや、実習している先輩の学生の仕事を見学しながら、基本技術や知識のチェックリストにとり組みます。

先輩が暇なときに声をかけて、足首のテーピングやリハビリの仕方、治療器の使い方などを教わります。それを練習して、うまくなってきたと思ったら、先輩にチェックしてもらいチェックリストを一つひとつクリアしていきます。授業で「A」の成績をとって、規定の実習時間とチェックリストを全部クリアすると、カリキュラムに入るための面接を受けられます。面接ではチェックリストの中からいくつか課題が出題され、合格すると春学期からカリキュラムに入れるわけです。

カリキュラムに入ると、担当するスポーツが割り当てられて、実際に選手のサポートを開始します。また、座学では怪我の評価やリハビリ、物理療法、そしてマネジメントのような専門的な授業を履修していきます。私は最初の春、先輩と一緒にレスリングを担当して、2年目の秋と春は野球、3年目の秋はアメフト、最後の春は高校での実習と病院での緊急治療室など各部門の見学をしました。これらを修了すると、BOC－ATC資格試験の受験資格が与えられるというのが、EIU体育学部アスレティックトレーナー学科の大まかなカリキュラムでした。

EIUはメジャーカレッジではなく予算や施設も限られているので、ないものがあれば、あるもので工夫する力を身に付けました。意図して小さな大学に行きましたが、「制限は創造の母」という言葉もあるように、私にとって非常に良かった点です。

EIUではドクターとの接点も限られていました。のちにアリゾナ州立大学（以下、ASU）に行って気付くのですが、メジャーカレッジだと、アスレティックトレーニングルーム（ATルーム）にクリニックが併設されていて、ほぼ一日中ドクターがそこに常駐しています。EIUでは整形外科のドクターが週に2～3回、夕方に1時間程度、ATルームに来る程度でした。こちらもドクターとの接点が限られているため、誰かに頼りきりにならず、スタッフと一緒に頭をしぼる習慣ができました。

毎週やってくるドクターのひとりにDr.バヌーティという、診断や施術がうまくてノリのいい先生がいました。彼は自分のクリニックで、毎週月曜日の夕方にコミュニティーサービスとして、スポーツで怪我をした人を対象に無料診療をやっていたんです。レントゲンやリハビリなど、ほかのサービスが必要な場合はその費用をとりますが、診断と簡単なリハビリ指導は無料でした。

私は彼にお願いして、無料クリニックの見学をさせてもらうことにしました。毎週月曜日、車で30分くらいのところにあるクリニックに行き、次々と患者さんの怪我を

! OnePoint Study!

アメリカの大学などにある アスレティックトレーニングルームとは？

本文中に、大学内の施設としてアスレティックトレーニングルームという言葉が出てきました。「トレーニング」という名称が付くので、この名前を聞くと「筋力トレーニングを行う部屋」を想像するかもしれません。しかしアメリカにおけるアスレティックトレーニングルームとは、選手がトレーナーにテーピングを巻いてもらったり、リハビリを行ったり、治療を受ける部屋のことだそう。医療的なイメージがある場所なのですね。一方、選手が筋力トレーニングなどをする場所は、一般的にウェイト（トレーニング）ルームと呼ばれているようです。

評価する彼のあとを付いて回りました。アスレティックトレーナーとして、怪我の評価が上手なドクターの診断をたくさん見ておいたほうがいいと考えたからです。

評価だけでなく、手術も見学させてもらいました。教えることが好きなドクターだったので、膝の前十字靭帯を断裂した選手の手術をしながら、「これが前十字靭帯で、ここをつなげて治すんだよ」といったことまで細かく教えてくれるんです。もちろん私は手術をするわけではないですが、手術の方法の理解はリハビリに不可欠です。

EIUで週に2~3回来るドクターを待っていたら、それだけの症例しか見られませんが、Dr.バヌーティのクリニックに行けば、多くの症例を見ることができるチャンスだと思っていました。そうしたメンタリティーは、子どものころにソフトボール大会で踏みだした〝一歩〟に近いものがあるかもしれません。EIUを離れて以降も、機会があればクリニックやトレーニングジムをよく見学に行っていました。

ただ、グイグイと積極的に行くメンタリティーは、人によっては迷惑だったようです。周りの人たちから「晃一、お前が働き過ぎると、俺たちが働いていないように見えるから、あまり働かないでくれ」と皮肉を言われたこともありましたから。

アスレティックトレーナーとして
もっとも成長した9年間

EIUのカリキュラムを修了し、BOC－ATC資格試験を合格したことで、渡米の目標を達成しました。しかし、実戦経験はほとんどありません。ATCの資格は、「あなたは公認資格保持者に必要な最低限の知識を持っている」ことを意味するだけです。そこで、大学院で修士課程をとりながら、アスレティックトレーナーとして働きながら学費と給料がもらえる「グラデュエイトアシスタント（GA）」というポジションを探すことにしました。

EIUのスタッフに相談したら、すぐにEIU卒業生で、ASUのヘッドアスレティックトレーナーであるペリー・エディンジャーに電話をして、私を紹介してくれたのです。ありがたいことに、GAのポジションが空いているので、ぜひということになりました。

1997年夏、私はアリゾナに引っ越します。大学院では、バイオメカニクスを専攻したいと思いました。ＥＩＵの野球チームを担当しているときに投球時の身体の動きに興味を持ち、バイオメカニクスの研究論文を読みあさっていたからです。これは、いま私が日本のバスケットボール界で提言している「筋肉だけではなく、動きのパターンで身体を鍛える」という考え方の原点でもあります。

しかし、バイオメカニクスの修士課程は苦難の道でした。まずは、バイオメカニクスは理系なので、高校で理系を諦めて、〝隠れ文系〟だった私が物理や微分積分に再挑戦することになったからです。焼け石に水ですが、ＡＳＵに行く前に帰国したとき、高校の物理の教科書を持って、知り合いの高校の先生の下で勉強しました。

専修科目として履修した静力学と動力学は工学部の学生にとっては入門的な授業ですが、私にとっては長い大学生活でもっとも難しかった授業の中に入ります。やりたいことを辿っていくと、ときには苦手なことに再会するという教訓です。

もう一つの苦難の理由は、私はアスレティックトレーナーのＧＡとしてＡＴルームで働いていたので、バイオメカニクスの研究室ではほとんど時間を費やしていなかったことです。本来であれば研究室で、ほかの大学院生や博士課程の実験を手伝ったり、ディスカッションをしたりして学びを深め、自分の卒業論文の準備をしていきます。

それもあって、論文はさっぱり進んでいませんでした。3年目に入り、修士課程修了に必要な授業を全て履修し終えて、担当教官の教授から「晃一が修士号をとるためにすべきことは、卒業論文を書くことだけだ」と告げられます。

さぁ、まずい。そう思ったころに出会ったのが、バイオメカニクスの博士課程に在籍していた、現在は立命館大学で教授をしている長野明紀さんです。長野さんと彼の担当教官にお世話になり、2年で終わるはずの修士課程を、3年かけて修了しました。

1年無駄になったように見えますが、幸運なことに修士課程修了のタイミングでASUのスタッフのポジションに空きができて雇ってもらうことができました。いま思えば、GAとスタッフとしてさまざまなスポーツのサポートをした9年間は、アスレティックトレーナーとしてもっとも成長した時期でした。

EIUでちょっと優等生だった私は、ASUで天狗の鼻を折られます。EIUはスタッフが4名、GAが1名でしたが、ASUはスタッフの数はもちろん、常駐するドクターや理学療法士など、優秀な人が何人もいました。井の中の蛙だったわけです。

また、サポートする選手の質と数が一気に増えました。例えばＥーＵでは、ＮＦＬに入れるような選手は何年かに一人いるかいないか。一方でＡＳＵからは、毎年のように2~3人がドラフトで指名されていました。アメフトをやっていた人間からすると、そんな選手を目の当たりにして少し興奮していたほどです。レベルの高い選手と仕事をすることで、いい意味での緊張感を感じていたように思います。

また、スタッフになると自分が担当するスポーツはもちろんのこと、それ以外のスポーツの選手を見ることも増え、場数をこなすことができました。稀な症例もたくさん見ました。股関節が痛いという選手が、実はホジキンリンパ腫《しゅ》という癌《がん》だったり、肩が痛いというアメフト選手が、実は肝臓の打撲でのちに長期入院することになったり、私自身の世界は一気に広がりました。

ＡＳＵで担当したスポーツで一番印象に残っているのは、最初に担当した陸上競技とクロスカントリーです。実は、最初はちょっと嫌でした。ＡＳＵに入る前に「キミ

アリゾナ州立大学での1年目は、グラデュエイトアシスタントスタッフとして働きながらアスレティックトレーナーとしての経験を積んだ

の担当はレスリングだ」と言われていたのに、いざアリゾナに着いたら、「キミの担当は陸上競技とクロスカントリーになった」と言われてガッカリしたんです。

やはり最初は、激しいスポーツを担当したほうが面白い。例えばレスリング、アメフト、バスケットボール、野球などです。一方で陸上競技や水泳などは、当初は（失礼ですが）スポーツとしての面白みに欠けて、ちょっとした身体の不調を気にする選手が多いなと思っていたのです。

しかし、ここで私はASUのヘッドアスレティックトレーナーであるペリーに目を覚まされます。彼は大学時代に陸上の長距離の選手をしており、ASUのヘッドアスレティックトレーナーとしてアメフトを担当しながら、陸上やクロスカントリーにも同じくらい、あるいはそれ以上の情熱を注いでいました。ある日、ペリーが私に「なぜ多くのアスレティックトレーナーは、陸上やクロスカントリーの担当をしたがらないのだろうか？」と聞いてきました。「ただ走っているだけだから」という回答ぐらいしか思いつかない私に、彼は「選手に対応できないから、やりたがらないんだ」と説明してくれました。

例えばアメフトなどのチームスポーツは、ある選手が足首を捻挫してテーピングを巻き、実力の9割しかだせなくても、その分をほかの選手がカバーして、チームとして勝てることはあります。しかし陸上やクロスカントリーは個人競技なので、痛みなどがあって実力の9割しかだせなかったら、勝つことは難しいでしょう。100%をださなければ勝てないからこそ、選手たちも敏感になって「ここが痛い」「ここが硬い」と伝えてくるんです。それに対応できる能力がなければ、彼らを担当するアスレティックトレーナーにはなれないと言われました。

ハッとしました。ちょっとした痛みや張りも、ないがしろにしてはいけないのだと気付いたんです。思い返せば、EーUの野球チームを担当しているときに肩や肘、上半身の慢性的な怪我やメカニクスを多く見ていましたが、それが陸上競技やクロスカントリーになれば、下半身の怪我やメカニクスを見ることになる。絶妙なバランスです。これは、私自身が成長する上で、とても貴重な巡り合わせだったのです。

大きな転機となった会社「アスリーツ・パフォーマンス」

ＡＳＵにいる間に、憧れのシカゴ・ベアーズや、ＭＬＢ（メジャーリーグベースボール／北米最高峰のプロ野球リーグ）に所属するシカゴ・ホワイトソックスの、マイナーリーグ（ＭＬＢ傘下の下位リーグ）のチームでインターンとして働いたこともありました。これも、さまざまな人との巡り合わせで生まれた経験で、さらなる出会いにつながります。

就労ビザの期限がやってきた２００６年、私が日本への帰国を考えはじめたときのこと。ＡＳＵの敷地内に施設があり、開設時から交流のあったアスリーツ・パフォーマンス（以下、ＡＰ）という会社から、仕事のオファーをもらいました。ＮＢＡ（ナショナル・バスケットボール・アソシエーション／北米最高峰のプロバスケットボールリーグ）のドラフト候補選手やプロ選手のオフシーズントレーニングを彼らが本格的にはじめるにあたって、ＡＳＵでバスケットボールチームを担当していた私に声を

シカゴ・ホワイトソックスのマイナーリーグの選手たちとの一枚。個人競技からチームスポーツまで、各競技から多くの学びを得た

かけてくれたのです。APは、私が継続してアメリカで働けるように、それまでとは異なる就労ビザの手配もしてくれました。私としては渡りに船でした。

2006年8月、私は勤務地であるロサンゼルスに引っ越して、アメリカで生活を続けます。アスレティックトレーナーとしてメディカル面だけではなく、スポーツパフォーマンスコーチとしてトレーニングの指導をAPで担当したことは、アスレティックトレーナーとしての幅が広がっただけではなく、のちにNBAのミネソタ・ティンバーウルブズでスポーツパフォーマンスディレクターを務める基礎にもなりました。APは、メディカルとパフォーマンストレーニングの垣根をなくして融合してこそ、より包括的な選手サポートができると提唱・実践していました。その考え方は、いままさにJBAでメディカルとパフォーマンストレーニングの両面をまとめる上で役に立っています。

APでは素晴らしい経験ができましたが、半年ほど働き、学びが薄くなってきたと感じたため、転職を考えはじめました。そのころ、また〝船〟がやってきたんです。

「晃一、俺のパーソナルトレーナーにならないか？」

その〝船〟の主は、リーヴァイ・ジョーンズ。私がASUの大学院に来た年に入学して、彼が3年生のときにNFLのシンシナティ・ベンガルズにドラフト1巡目で指名された選手です。奇遇なのは、リーヴァイが私のAPへの入社と退社に関わっていたことでした。

リーヴァイと私は、彼がドラフトで指名される前からお互いを知っていたのはもちろんですか、彼がNFLで半月板を負傷したあるシーズンのオフに、私に「リハビリを見てくれないか」と依頼してきた間柄でもあります。それをきっかけに、彼はオフシーズンにAPでトレーニングをし、ASUで私とリハビリをするというルーティンができました。

ASUでは、大学の選手以外にもプロの選手のサポートをすることはよくあることでした。それゆえ、ペリーのOKももらい、私は彼のリハビリをサポートしていたのです。

余談ですが、このころからすでに、リーヴァイから「パーソナルトレーナーにならないか」と誘われていたのです。ただ、当時の私はＡＳＵで安定して働いていたので、「ありがとう」とやんわり断っていました。

リーヴァイのサポートを通じてＡＰのスタッフが私の活動を知ったことは、ＡＰが私に仕事をオファーする一因になったと思います。その縁で私はＡＰに行くことになったのですが、勤務地はリーヴァイがトレーニングしているアリゾナではなくロサンゼルスだったため、彼がつないでくれたＡＰと私の縁が、彼のオフシーズンのルーティンを崩してしまう結果になったともいえます。そしてまた、私がＡＰを離れようと考えていたときに、彼が次の〝船〟をだしてくれたのです。奇妙な縁です。

! OnePoint Study!

アスレティックトレーナーと
スポーツパフォーマンスコーチ

佐藤さんが目指したアスレティックトレーナーは、主にスポーツの現場で外傷障害や疾患の予防、健康促進と教育、緊急対応、検査と臨床診断、治療介入、傷害および疾患のリハビリを含むサービスを提供する仕事です。一方でスポーツパフォーマンスコーチは、スポーツ選手の能力向上のための、筋力やコンディショニングトレーニングの指導をする人で、ストレングス＆コンディショニングコーチ（S&C）とも言われます。日本では両方を指して「トレーナー」と言われることも多いですが、ぜひその違いを頭に入れておきましょう。

アメフト選手のパーソナルトレーナーから次はNBAの世界へ

2007年8月にロサンゼルスからオハイオ州シンシナティへ引っ越してリーヴァイの家に住み込み、パーソナルトレーナーとしての仕事をはじめました。朝と夕方にケアやトレーニングサポートをして、遠征先にもチームとは別行動で帯同しました。一人の選手に注力することは、なかなかできない体験です。

選手が所属するチームのスタッフにとっての「選手付きのパーソナルトレーナーの立ち位置」を知ったことも、のちのち役立ちました。一方で、それまでASUやAPで多くのスタッフと一緒に働いていたときに比べて、孤独であったことも確かです。

この仕事は長期で続けることのできる仕事ではない。そう判断し、シーズン終了後の2008年に、帰国も含めて次の仕事について考えました。考えた末に、リーヴァイに「もう1年続けさせてほしい。でも、もしほかからいいオファーがあったら、そちらに行くことを許してほしい」とお願いして、2年目をスタートさせたんです。

オフシーズン中に、シカゴ・ベアーズのヘッドアスレティックトレーナーから、「スタッフを募集しているので候補の一人として申し込んでほしい」と話がありました。これまでのような仕事のオファーではなく、選考への誘いでした。ベアーズがきっかけではじまったアメリカ生活のゴールに相応しいと勝手に思い、その選考に申し込みました。残念ながら採用されませんでしたが、次の転機はすぐにやってきました。

2008年8月、私はベンガルズのトレーニングキャンプ地のあるケンタッキー州にいました。ある日の夕方、フィールドサイドに座って練習を眺めていると、私の携帯電話が鳴りました。

「晃一、NBAのワシントン・ウィザーズがリハビリに特化したアスレティックトレーナーを探しているんだけど、興味はあるかい?」

電話の主はマイク・エリオットです。私がASUのGAをやっていたときの学生であり、当時はNBAのフェニックス・サンズでアシスタントアスレティックトレーナーを務めていました。

「うん、もちろん」と答えて電話を切ると、すぐさまウィザーズのヘッドアスレティックトレーナーであったエリック・ウォーターズから電話がきました。

エリックからは「明日、面接に来てほしい」と言われたのですが、キャンプの真っ最中です。「まずはリーヴァイと話をさせてほしい」と伝えて、その夜、リーヴァイにそれを伝えました。すると彼はこう答えました。

「俺がアメリカンフットボールの選手としてNFLに入りたいと思っていたのと同じように、アスレティックトレーナーにとって、アメリカ4大スポーツのアスレティックトレーナーになることは、夢のような話じゃないか。明日、面接に行ってこいよ」

翌朝一番の飛行機でワシントンDCに行き、エリックやほかのスタッフ、そしてゼネラルマネージャーのアーニー・グランフェルドと面接をしました。昼食後、あらためてアーニーのオフィスへ行くと、彼は机の上に契約書を差しだしました。心では「オファーを受ける」と決めていましたが、リーヴァイと話す必要もあったので、週明けに返答すると答えました。こうして私は、NBAのワシントン・ウィザーズに入ることになったのです。

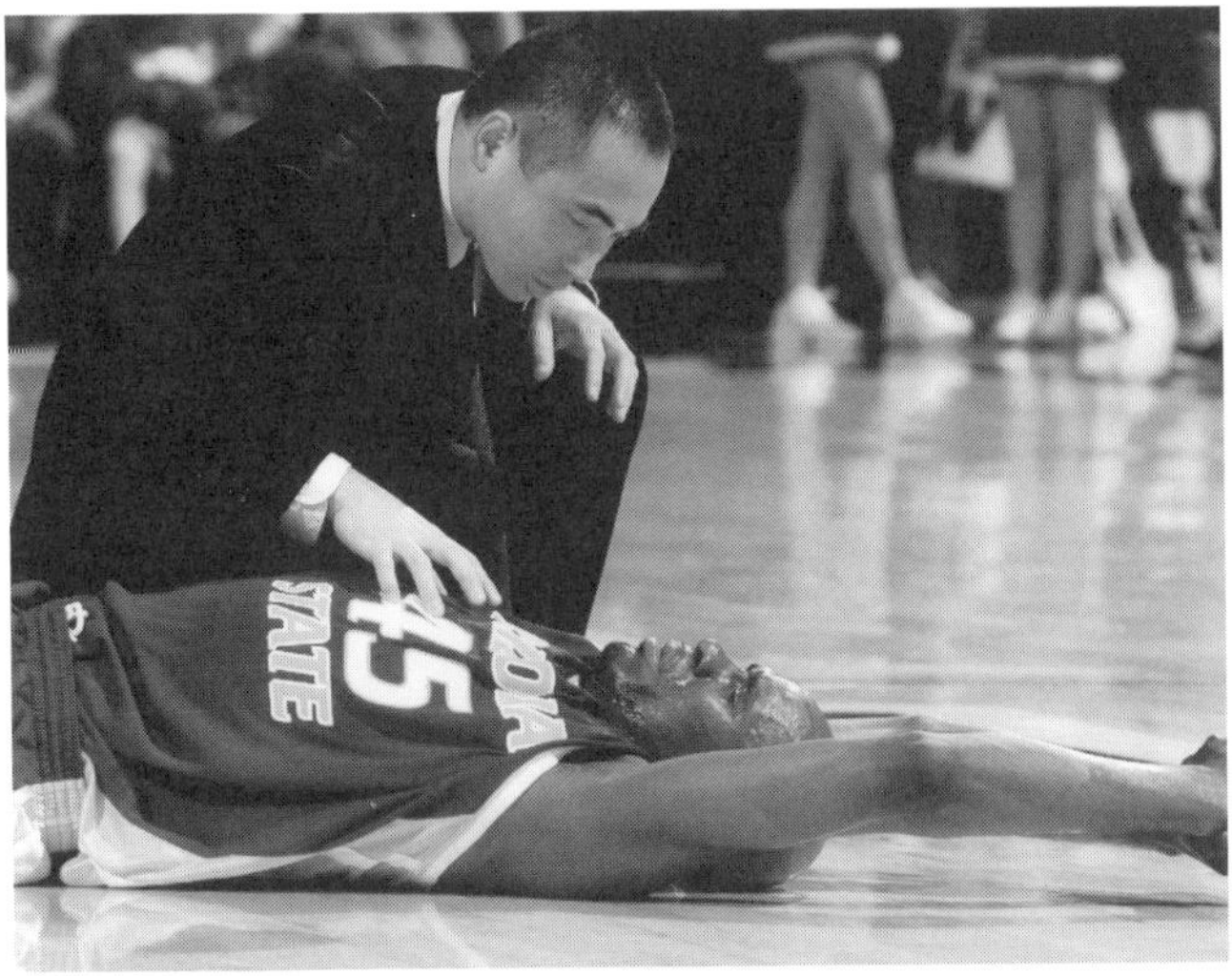

アリゾナ州立大学でのバスケットボールのアスレティックトレーナーとしての経験が、NBAでの仕事につながった

この突然の電話には裏話があります。当初、ウィザーズはマイクに仕事をオファーしていましたが、彼はサンズに留まることにしたのです。そこで、エリックがマイクに「誰かいないか?」と候補を尋ねたところ、「佐藤晃一がいる。ASUでバスケットのアスレティックトレーナーの経験がある」と推薦してくれたのです。

当時、NBAのダラス・マーベリックスのヘッドアスレティックトレーナーだったケーシー・スミス、フェニックス・サンズの同職だったアレン・ネルソンは、ASUの同僚でエリックとも親しい仲だったので、彼らの推薦も突然の電話の一因でした。

2008年9月、ワシントンDCでの生活がはじまりました。ウィザーズでは選手のリハビリに注力しながら、選手の怪我予防のプログラム、そして理想であるメディカルとパフォーマンストレーニングが融合した現場づくりをするためにとり組みました。多少の成果はありましたが、組織を理想に大きく近づけるには至りませんでした。

2~3シーズンを経て仕事に慣れてくると、NBAというトップレベルの舞台で働いているという満足感が薄れ、理想とのギャップを大きく感じるようになりました。やりがいという意味での満足感とのバランスがとれなくなってきて、5シーズン目に

「このままここに居続けても成長できないだろうな」と転職を考えはじめたのです。

ワシントン・ウィザーズは現在、八村塁選手が在籍しており注目されていますが、当時は毎シーズン下位に低迷しているチームでした。私が在籍した5シーズンの中でヘッドコーチが3度変わり、4人のヘッドコーチと仕事をしました。そのヘッドコーチの一人がフリップ・サンダースでした。ウィザーズを解雇された彼は、私が転職を考えていたタイミングでNBAのミネソタ・ティンバーウルブズの社長に就任。そしてオフシーズンに彼と再会したときに誘われたのです。

「晃一、ミネソタに来ないか？」

これもまた渡りに船でした。

当初は「リハビリ担当」とのことだったのですが、リハビリは理学療法士に担当してもらうことになり、選手のトレーニングを担当するスポーツパフォーマンスディレクターとしての仕事をオファーされました。スポーツパフォーマンス部門を統括する立場であるため、自分の理想を実現しやすいポジションでした。ほぼ二つ返事でミネソタに行くことを決め、2013年にミネソタへ。思い返すと、1993年に日本からミネソタ州に来て、イリノイ、アリゾナ、カリフォルニア、オハイオ、ワシントンDC、そして20年後にまたミネソタ州に戻ってきたのです。

ティンバーウルブズも当時は下位に低迷しているチームで、選手やコーチの入れ替わりも多い3年間でした。ウィザーズでもそうでしたが、コーチや選手の入れ替わりがあると、多くの人と異なるシステムの中で働けるというメリットもあります。何がいいことなのかは、わからないものですが、私にとっては大きな経験となったのです。ティンバーウルブズでのスポーツパフォーマンスディレクターとしての現場での仕事は、新鮮で充実していました。ただ、巨大ビジネスであるNBAで満足感を維持しながら働くことの難しさを、徐々に感じはじめてもいました。

! OnePoint Study!

世界最高峰のバスケットボールの舞台「NBA」とはどんなリーグ？

NBA（National Basketball Association）が世界最高峰のバスケットの舞台であることはご存知でしょう。全30チームが東西二つのカンファレンス、さらに各5チームの3つのディビジョンに分かれてリーグ戦を実施。その後、各カンファレンス上位8チームずつの「プレーオフ」、それを勝ち抜いた両カンファレンスの優勝チーム同士の「ファイナル」でそのシーズンの優勝チームを決定します。ファイナルは世界各地で放送され、3億人以上が観戦していると言われており、2021年現在、ロサンゼルス・レイカーズとボストン・セルティックスが最多となる17回の優勝を記録しています。

何かをやってみることは自分を変える唯一の方法

2015年のオフシーズンに、社長とヘッドコーチを兼任していたフリップが、ホジキンリンパ腫で入院し、シーズン直前に60歳の若さで亡くなりました。アシスタントコーチのサム・ミッチェルが監督代行としてシーズンを乗りきりましたが、シーズンが終わると、今度はトム・シボドーがヘッドコーチ兼社長になり、組織が一新されました。そしてその波は、海を越えて日本にも届きました。

5月に一時帰国していた私の携帯に、ミネソタの市外局番から電話がありました。そこで私は、「We are going in a different direction.（我々はこの先違う道を進んでいく）」という「解雇」の際の常套句《じょうとう》を聞きました。とはいえ、そのときすでに〝船〟はやってきていたのです。

4月にシーズンが終わった直後、東野智弥さんから電話があり、「JBAでリハビリやトレーニングを含めたスポーツパフォーマンスの部門を晃一さんにお願いしたい」というお誘いでした。そのときは「考えさせてください」と保留にしていたのですが、その後にティンバーウルブズを解雇されたことは運命だったのでしょう。

同時期にＮＢＡの2チームからもオファーがあったのですが、どちらもアシスタントスタッフとしてのオファーでした。新しいチームで働くことで学びもあると思いましたが、ＮＢＡで8年間働いた経験から感じていたのは、「いまの私に必要なのは、アメリカで経験し、思い描いてきた理想を日本で実現する」こと。そして、それはきっと日本のバスケットボール界にとってもプラスになるのではないか。そう考えて、ＪＢＡで働くことを決めました。

１９９３年に22歳で渡米した私は、アメリカ生活が23年目になり、日本での生活期間よりも1年長くなった２０１６年に帰国しました。

もしかしたら、私自身が飽きっぽい性格なのかもしれません。同じことを繰り返していても面白くないと考えてしまうようです。ただ、なんとなく何かを変えるために立場や職場を変えるということとは違いました。

ＡＳＵで「天狗になっていた鼻をへし折られた」ように、私自身、その後も定期的に「俺は、すでにわかっているぞ」と思う時期があり、そして、「これ以上、ここで学ぶことはあるのか？」という思いが浮かんでくる。そのたびに、「すごい！」と思うような人に出会ったり、「まだまだ学ぶことはある」と気付かされる出来事に遭遇したりするんです。

ＡＳＵの最初の年に担当したクロスカントリーチームに、疲労骨折を繰り返していた1年生がいました。私なりに周りのサポートも受けてリハビリや治療をしましたが、完治することなく、彼女は2年生のときに引退してしまいます。それを思い返すたびに「あのとき、いまの私が持っている知識と技術があれば、彼女は引退しなくて良かったかもしれない」と思ってしまうんです。

当時の私が、いまの私の知識や技術を持つことは絶対にありえないし、こういう思いは今後も引き続き、繰り返し起こるものでしょう。しかし、「この先、そう思いたくない」――これが私の学び続けるモチベーションなのです。

スポーツパフォーマンスディレクターを務めたミネソタ・ティンバーウルブズ時代。写真左はNBAの人気選手、リッキー・ルビオ

また、ＡＳＵ時代にある理学療法士の講習を受けました。その人は当時60歳ぐらいだったのですが、驚くほどの力量の持ち主でした。私は「彼のような人になりたい」と思うと同時に、「60歳までは待ちたくないな」とも。こうなると、「じっとしてはいられない」わけです。これも学びを続けるモチベーションです。

目の前の選手や課題に対して（人の力も借りながら）全力でとり組んでいくと、自然と力が付いて視野も広くなるということを、私は体験しています。

私はアメリカでアスレティックトレーナーとして、リハビリやトレーニングの仕事を中心にしてきました。それが、２０１６年にＪＢＡに入ったとき、まさか5年後にバスケットボールの指導者に向けて、トレーニングに関してだけではなく、学びや成長についての講習も行っているとは想像もつきませんでした。

それはこの5年間で指導者養成にも関わり、２０２１年に女子バスケットボール日本代表のヘッドコーチに就任された恩塚亨さんたちと一緒に働く中で、トレーニング指導には学びや成長の概念が不可欠であることがわかり、それに興味がわいてきたからです。さまざまな人に出会って新しい仕事に携わると、いままでの自分に欠けていたもの、自分の内と外に見えていなかったものが見えてくるものなんですね。

人は10代後半から20代中盤に、自分の一番「やりたい」が変わるそうです。ちょうど高校を卒業して進路を決めなくてはいけないとされている時期です。やりたいことが変わりやすい時期に、何かを決めなさいと言われれば、5月病になる理由もわからなくもありません。

私の場合、「音楽とスポーツ」「理系と文系」「アメリカとソ連」のように両極端を行ったり来たりしてきました。そしてアスレティックトレーニングからどんどん派生して、その都度、やりたいことにチャレンジしてきました。

ある程度やってみて、違うと思ったら乗り換えてもいい。どこまでやったら止めるのかといった境界線を引くのは難しいけれど、私としては、やりたい気持ちと自分の直感に従ってどんどんやり続けていきます。

組織行動学のハーミニア・イバーラ教授が「What got you here won't get you

there.（現在地に来た方法で、目的地へは行けない）」と言っています。つまり、いままでうまくいった方法を続けても、この先は役立たない、少なくとも役立つとは限らないということです。しかし、人はどうしてもこれまでのやり方に縛られてしまいます。

私はアスレティックトレーナー、あるいはパフォーマンスコーチとしての能力が認められてＪＢＡに入りました。技術を発揮することは得意です。得意なことはやっていて楽しいし、得意なことで評価されるので、それをもっとやりたくなります。

問題は、このパターンを続けると、この先必要になるであろう「ほかの大切なこと」に時間を割くことができなくなってしまうことです。イバーラ教授はこれを「Competency Trap（能力の罠《わな》）」と呼びます。得意なものに力を注ぐことによって、自分がこの先に進むために必要なものに目を向けることができなくなってしまう。だからこそ、どんどん自分を変えていかなければいけない。ネット広告やニュースなど、自分に合った情報が勝手に集まってくる現代では、チャレンジングなことです。

自分を変えていくための唯一の方法は、新しいことをやってみること。よく「自分

現在は日本バスケットボール協会の一員として、アメリカで描いた理想を日本で実現するべくまい進している（写真は2019年FIBAバスケットボール・ワールドカップより）

探し」と言いますが、あれは考えて探すのではなく、新しいことをやってみることで見つけだすのです。自分がやりたいことはなんだろうか。自分はどんな人間なんだろうかと考えている間に、新しいことをやってみます。やると、「自分に合っている」「合っていない」が見えてきて、自分でも思わなかったような自分や「やりたい」を発見できるのです。

また人と接していれば、何か都合が良くなくて、自分が変わらなければいけない局面があるでしょう。「いや、これはあなたが悪いんだから、あなたが変わってくださいよ」と言いたくもなります。自分が変わるというのは、あたかも自分が損をしているような気分になることもありますよね。「何で自分が変わらなければいけないの？」と。しかし、それは新しいことをやるチャンスとも言えます。

新しいことをやるのは、自分がこれまでに知り得なかった自分のポテンシャルや「やりたい」に接する唯一のチャンスなのです。

Profile

佐藤晃一

さとう・こういち

1971年生まれ。福島県立郡山高校卒。東京国際大学を卒業後、アメリカ・イースタンイリノイ大学に留学し、アスレティックトレーナーの資格を取得。アリゾナ州立大学大学院にてキネシオロジー研究科バイオメカニクス修士課程を修了。ドワイト・フリップス(アテネオリンピック走り幅跳び金メダリスト)のサポートスタッフや、MLBのシカゴ・ホワイトソックスのマイナーリーグでヘッドアスレティックトレーナーを務め、2008年にNBAのワシントン・ウィザーズでアスレティックトレーナーとしてリハビリテーションコーディネーターに就任。2013年からミネソタ・ティンバーウルブズでスポーツパフォーマンスディレクター兼アスレティックトレーナーを務めたのちに日本に帰国して、2016年から日本バスケットボール協会スポーツパフォーマンス部会部会長を務めている。

[編集協力]
石田 英恒
杉園 昌之
三上　太
柚野 真也
[写真協力]
田中 苑子
Getty Images
[デザイン]
吉村 雄大
鈴木 光枝
[編集]
八木 陽子
木村 雄大(ライトハウス)

BBMスポーツ探求学習《たんきゅうがくしゅう》シリーズ 1

チャレンジの意《い》味《み》ってなんだろう？

スポーツの世界《せかい》に飛《と》び込《こ》むため
海外《かいがい》での学《まな》びを選《えら》んだ達人《たつじん》たち

2021年11月30日　第1版第1刷発行

編　著　　ベースボール・マガジン社
発行人　　池田 哲雄
発行所　　株式会社ベースボール・マガジン社
〒103-8482 東京都中央区日本橋浜町2-61-9
TIE浜町ビル
電話　　03-5643-3930（販売部）
03-5643-3885（出版部）
振替口座　00180-6-46620
https://www.bbm-japan.com/

印刷・製本　共同印刷株式会社

Printed in Japan
ISBN 978-4-583-11353-1　C0075